银龄时代——中国老龄社会研究系列丛书

杜鹏 主编

中国城市老年人消费行为和消费观念研究

王菲 / 著

中国人口出版社
China Population Publishing House
全国百佳出版单位

图书在版编目(CIP)数据

中国城市老年人消费行为和消费观念研究 / 王菲著. -- 北京：中国人口出版社，2019.12

(银龄时代：中国老龄社会研究系列丛书 / 杜鹏主编)

国家出版基金项目

ISBN 978-7-5101-6813-0

Ⅰ.①中… Ⅱ.①王… Ⅲ.①城市-老年人-消费者行为论-研究-中国 Ⅳ.①F126.1

中国版本图书馆CIP数据核字(2019)第265451号

中国城市老年人消费行为和消费观念研究

ZHONGGUO CHENGSHI LAONIANREN XIAOFEI XINGWEI HE XIAOFEI GUANNIAN YANJIU

王 菲 著

责任编辑 杨际航
装帧设计 刘海刚
责任印制 林 鑫 单爱军
出版发行 中国人口出版社
印　　刷 北京柏力行彩印有限公司
开　　本 787毫米×1092毫米 1/16
印　　张 14
字　　数 180千字
版　　次 2019年12月第1版
印　　次 2021年1月第2次印刷
书　　号 ISBN 978-7-5101-6813-0
定　　价 68.00元

网　　址 www.rkcbs.com.cn
电子信箱 rkcbs@126.com
总编室电话 (010)83519392
发行部电话 (010)83510481
传　　真 (010)83538190
地　　址 北京市西城区广安门南街80号中加大厦
邮政编码 100054

目　录

第 1 章

绪论

1.1 研究背景

1.1.1 人口结构与规模:人口老龄化进程加快给老年消费市场的发展提供契机

伴随着中国由生产型社会向消费型社会转型的同时,中国正面临一个重要挑战——人口老龄化。自从1865年法国第一个进入老年型国家开始,世界各国便开始相继进入老龄化社会,老龄化成为全世界普遍关注的重要议题。1998年,联合国社会发展委员会提出“21世纪人口老龄化是人类前所未有的,对任何国家任何社会都将是一个巨大的挑战”。2002年,联合国发布的《世界人口老龄化:1950—2050》报告中指出,人口老龄化的现象是普遍的、深刻的、前所未有和经久不衰的。据预测,到2050年,全球年龄在60岁以上的老年人口总数将超过20亿,老年人口总数将首次超过年轻人(United Nations,2002)。

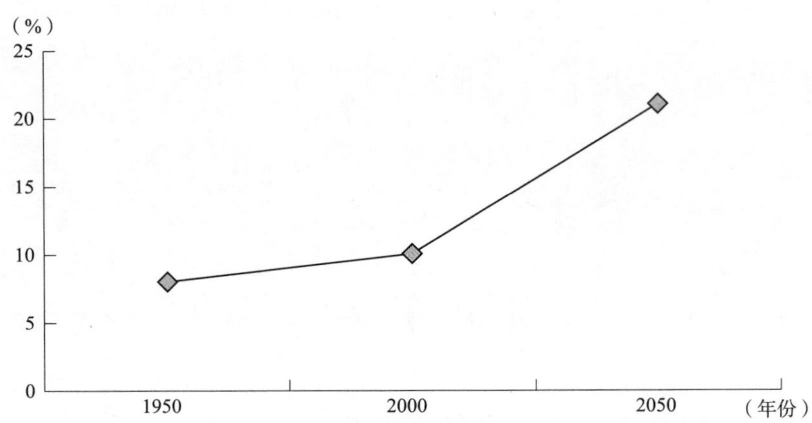

图1-1　1950—2050年世界60岁及以上老年人口比例图

资料来源：United Nations Population Division, DESA, "World Population Ageing 1950 - 2050", 2002.

在中国，自从20世纪90年代以来，中国的老龄化进程不断加快。根据国家统计局相关数据，截至2018年年底，我国60周岁及以上人口约2.49亿人，占全国总人口的17.9%；其中65周岁及以上人口约1.67亿人，占总人口的11.9%。当前，我国已经进入人口老龄化快速发展的阶段。据预测，到2030年，我国60岁以上的老年人口将达到3.71亿，占全国总人口比重达到25%。2040年，我国人口总量达到顶峰后将开始逐渐下降，但老年人口总量仍将呈现上升趋势，2050年我国60岁以上老年人口数量将达到4.83亿，占总人口34.1%，意味着我国有1/3人口为60岁以上的老年人，我国老龄化问题将面临更加严峻的挑战。

现阶段，我国正在面临人口老龄化进程加速发展的新阶段，我国的人口老龄化呈现许多特征：首先，老年人口总数多，发展速度快；其次，人口老龄化是在"未富先老"背景下发展的；再次，老龄化区域、城乡的不平衡发展；最后，人口高龄化趋势明显（邬沧萍，1999）。21世纪将是老龄化进程持续加快的时期，在这种背景下，随着老年人口群体规模的不断扩大，老年人生命质量的不断提升，老年人口的消费需求越来越呈现多样化趋势，老年消费市场蕴藏的商机逐渐显现,老年消费市场被认为是潜力巨大的、有发展前途的市场。

1.1.2 消费社会与市场:老年消费市场的滞后发展突显出老年消费行为研究的重要性

中国伴随着生产力水平的不断提高,在20世纪90年代,开始由生活必需品时代向耐用消费品生产和大众消费时代转变,中国正式进入消费社会,消费的重要性开始日益突显(孙立平,2003)。在这种背景下,研究消费问题,特别是研究消费行为和消费观念显得尤为重要。

以往传统观念普遍认为,和年轻人相比,老年人的需求较少,因此购买力水平较低。但是,已有相关文献表明,老年人由于年龄的原因,经历了漫长的财富积累阶段,因此被认为是具有一定购买力的群体。有研究表明,在个体进入老年时期之后,虽然其收入有可能会下降,但是从家庭生命周期的观点来看,老年人处于空巢时期,他们的子女大多已经离开家,因此与年轻人相比,他们的家庭经济压力和精神负担会有所减轻。根据已有研究,在美国,55岁以上的成熟消费者的经济条件普遍比年轻人好,占总人口23%的55岁以上老年人掌握着国家75%的财力和50%的可支配收入(Moven,2005)。据联合国估算,老年人口的消费水平比年轻人高18%左右(联合国,1956)。李通屏(1998)估算,65岁以上老年人口的人均支出是年轻人口人均支出的三倍之多。此外,许多国家的老年市场占消费市场的份额也相当大,并呈现不断增长的趋势。在日本,1980年老年消费市场占整个消费市场的13%,到2000年这一份额达到24%,2004年以后,日本60岁以上的老年人群掌握着全国个人资产的一半,个人资产高峰发生在60~69岁的老年群体(萧振禹,1997)。实际上,今天中国很多大城市的情况和日本非常相似,因为40岁以下的年轻人中许多有房车等贷款,负资产较多,与之相较,老年人才是较为富有的人群。同时,对于许多城市的老年人,他们的收入来源除了退休金外,还可能包括再就业的收入,或者从子女孙子女拿到赡养费用等(杜鹏、武超,2006)。

随着消费社会进程的加快,老年人消费结构不断呈现出新特点。在经济统计数据中,通常把居民消费结构分为食品消费、衣着消费、家庭设备服务消费、医疗保健消费、交通通信消费、教育娱乐文化消费、居住消费和其他消费八个大类,通过对 2011 年中国养老与健康追踪调查(CHARLS)数据资料分析,60 岁及以上老年人消费结构比例最高的前四项分别是食品消费,占总消费支出的 49.6%;医疗保健消费,占总消费支出的 11.9%;居住消费,占总消费支出的 9.7%;教育娱乐文化消费,占总消费支出的 7.3%。

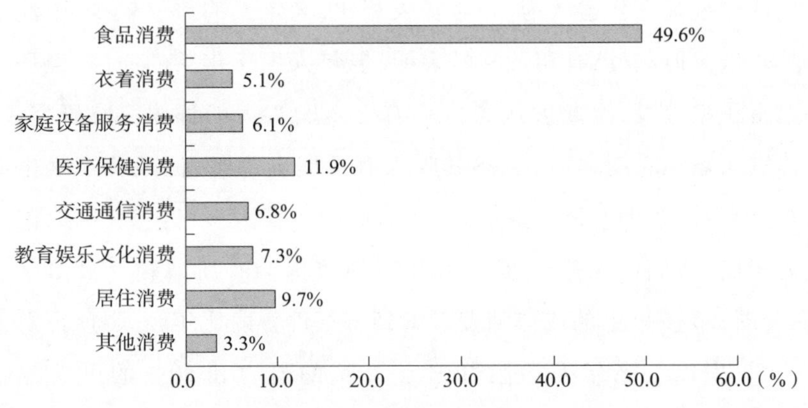

图 1-2　60 岁及以上老年人消费结构分布图

注:根据 2011 年中国养老与健康追踪调查(CHARLS)数据资料汇总整理所得。

与年轻人相比,老年人退休或者不再从事劳动,这使得他们的收入和年轻时相比,会有所缩减并趋于稳定;健康问题越来越受到关注;拥有大量的自由时间。有学者形象地称之为“闲暇阶级”(长谷川和夫,霜山德尔,1997)。作为消费者,老年人与年轻人也有许多不同之处,比如对待消费更谨慎,更注重方便实用,讲求物美价廉等。改革开放的重要的影响是中国开始逐渐融入世界经济体系,成为全球化消费社会的重要方面。在这个过程中,老年人的消费理念和消费取向、消费行为开始发生了一系列重大变革。在当今社会,当基本需求满足之后,老年人消费就不再只是一种工具性活动,而成为一种带有文化符号的活动,因此现代人的消费活动,无论是吃、穿、住、用、行,无不透露着以人为本的观念。吃的方面要注重健康、穿的方面要讲究美感、用的方面要体现特色、住的方面要实现人性化等,这些因素无不直接影响着人们的消费观念,支配人们的消费行为。在当今社会,随着社会物质生活水平的提高,老年人的消费取向呈现多元化趋势,精神需求不断加强,比如接受充电再教育、欣赏音乐会等。

除了老年人自身消费之外,有老年人的家庭在消费时也会有意识地考虑到老年人的需求,使得有老年人家庭的消费模式也带有一定的老年消费特点,在无形中扩大了老年市场。已有研究表明,美国有50岁以上人口的家庭金融资产占全国总资产的77%,其消费需求量超过全国总需求的42%(吴健安,1996)。在我国,老年人家庭的消费能力也在不断增长,呈现出与美国类似的消费倾向。有研究表明,我国城镇家庭中,家庭人口消费水平位居前三位的年龄组分别为56~60岁年龄组、46~55岁年龄组和60岁及以上年龄组(王海江,1997)。

2018年中国老年学和老年医学学会发布《新时代积极应对人口老龄化发展报告(2018)》指出,我国老年人消费水平呈现出随时间逐步递增的趋势,到2020年将达到3.79万亿元,到2035年将突破20万亿元。到2050年,预计将达到60万亿元的市场占有量,成为国民经济发展的一个重要支柱产业。这在一定程度上意味着老年人将成为中国未来最主要的消费群体。我国老年消费市场潜力巨大,发展前景广阔,有望成为经济发展新增长点。但目前,老年消费市场的发展速度滞后、规模较小,发展水平也不高。老年人亟须的老龄产品和服务有效供给仍显不足,供需失衡问题需重点关注。因此,全面了解和掌握老年人消费行为和消费观念的真实现状,有利于为老年消费市场提供快捷、有效、真实、便利的老年消费信息。进而维护老年消费者的合法权益,促进老年用品、产品和服务消费不断丰富和

增长,发挥老年消费对社会经济的重要推动作用。

1.1.3 理论与政策进展:老年消费问题研究的断层给老年市场的持续发展带来挑战

根据现代消费理论,市场是由人口、购买力和购买欲望三个因素决定的。其中,人口是指具有某种需求的人,一定的人口规模是消费市场形成的前提;购买欲望是指人们对于某种商品或者服务所具有的购买需求;购买力是指为满足这种需要的消费能力,是消费市场形成的必要条件。目前关于老年消费市场的研究,多集中于基于宏观层面的老年消费市场的总体研究,如老年人口规模和结构的分析、老年人购买力分析等经济学研究,而对购买欲望的研究较少,尤其是对老年人消费行为和消费观念的研究,更多的是基于感性观察分析,缺乏基于微观层面的实证研究,造成了老年消费问题研究理论的断层,给老年消费市场的持续发展带来了挑战。

同时,在关于老年人消费行为和消费观念的感性研究中,存在着许多自相矛盾的结论,在一些广告媒介中,老年消费者的形象也常常被固化和曲解。与老年市场中老年消费者表现出来的真实状况大相径庭。仅凭借年龄这种唯一因素来刻画所有的老年消费者,而忽视了其个体的差异性和复杂性,将老年市场视为一个"单维的消费市场"(one - dimentional mature market),不能真实反映老年消费市场的情况。

近年来,中央和各级政府对老年消费市场的发展越来越重视。《中华人民共和国老年人权益保障法》明确规定:"扶持和引导企业开发、生产、经营适应老年人需要的用品和提供相关的服务。"我国政府从 2013 年起正式建立了养老政策体系和服务体系,2013 年 9 月,国务院发布《国务院关于加快发展养老服务业的若干意见》中明确提出,当前我国老年消费市场初步形成,目前的主要任务之一是繁荣养老服务消费市场。2013 年 11 月,党的十八届三中全会通过的《中共中央关于全面深化改革若干重大问题的决定》中也提出："积极应对人口老龄化，加快建立社会养老服务体系和发展老年服务产业。" 2013 年这一年被称为中国养老产业的"元年"。在此后的 6 年内，我国迎来了第一次养老政策的高峰期。这段时期仅中央级的养老文件就下发了 130 多个，包括产业政策、土地政策、金融政策、人才培养政策、医养结合政策、补贴政策、民营资本优惠政策、市场监管政策 8 个方面。同时，涉及人口战略、就业制度、社保体系、医保政策等 10 个方面的内容。2019 年 4 月 16 日，国务院办公厅印发《关于推进养老服务发展的意见》，提出确保到 2022 年在保障人人享有基本养老服务的基础上，有效满足老年人多样化、多层次养老服务需求。老年人消费关系到促进改善民生和扩大内需等重要问题，将引导老年人合理消费，培育壮大老年用品消费市场，促进老年用品、用具和服务产品开发列入发展的重要方面，其目的是促进老年消费市场的合理有序发展，保障老年人的合法权益，共享改革发展成果，促进社会和谐，推进社会经济的持续健康发展。

1.2 研究意义

消费行为和消费观念是社会生产力发展、社会进步的有力证据。为了应对时代发展的挑战，我国提出全面建设小康社会的伟大目标，标志着我国消费的方式将进入新的发展阶段，因此，对消费行为和消费观念的研究成为目前亟待解决的主要问题之一。从历史的发展脉络来看，消费行为和消费观念具有时空性，可以说既是一个古老的问题，但又是一个常新的课题。消费行为和消费观念会随着时代的变迁而呈现出不断发展的动态过程。从时间角度来看，消费行为和消费观念是不可逆的，总是在随着时代发展不断更新进步，同时具有连贯性，任何一种消费行为和消费观念都是对历史行为和观念的继承和发展；从空间来看，消费行为发生在一定空间内，消费观念又是在一定空间内动态变化、不断扩散蔓延的。消费行为和

消费观念这种时空相互依赖相互渗透的特性决定了对其研究需要在一定时代背景和空间地域中进行。

随着经济发展和社会转型,中国的老年消费者同时受到中国传统价值观和西方价值观的影响。这两种价值观相互碰撞、融合,使得中国整体的社会文化形态和价值观取向逐渐发生变化,越来越呈现多样化和多层次的特征,表现出的消费行为可能兼具中西方特征,但又不仅仅是两者的组合。与过去的传统老年人和其他年轻群体相比,现今的老年人的消费行为和消费价值观是否具有不同于以往的新特征?主要体现在哪些方面?老年人群体内部是否存在差异性?与其他年龄群体相比,老年人群体在消费行为和消费观念方面又呈现出何种差别?产生这些差异的主要原因是什么?全面准确的回答这些问题,对于全面解读和深入了解老年消费者,无论从理论上还是现实上更具有意义。

1.2.1 理论意义

对老年人的消费行为和消费观念的研究,从理论上讲,具有以下三个方面价值:

第一,利用老年人消费观念和消费行为的微观数据进行宏观问题的实证研究,进一步丰富我国老年消费行为理论。目前关于老年消费行为和消费观念的研究更多的是基于宏观层面,而对微观层面,尤其是微观的实证分析非常之少,造成了对老年消费行为和消费观念理论研究在一定程度上的断层。老年人的消费行为和消费观念是一种能够反映个体需求、利益、物质和精神追求的特殊的复杂行为,受到个体心理、社会和价值观等多种因素的影响。目前我国的老年消费研究,主要集中在老年人个体消费行为的感性描述和老年产业的宏观数据分析方面,要对老年消费进行深入研究,需要结合老年人心理、社会和文化层面,从微观层次对老年消费的观念和行为进行系统研究。因此,利用实地调查数据,对老年人消费行为和消费观念进行实证研究，对于丰富我国的老年消费行为理论具有重要意义。

第二，利用实证方法对老年人消费行为和观念做探索性研究，为今后大规模调查提供基础，有利于丰富和拓展对老年消费者的认识和了解。目前已有的学术研究中，从社会学、心理学等学科对老年人的研究较为成熟，本研究综合运用社会学、人口学、经济学和消费者行为学等方法，研究老年人消费行为和消费观念特点及影响因素，分析老年人群体内部的差异性，同时对不同世代的消费行为和消费观念特点进行对比分析，从跨学科的角度对老年消费研究进行横向拓展，将有助于我们加深对老年消费者的认识和了解，为今后深入研究提供基础。

第三，对分析工具——老年人消费行为和消费观念量表进行本土化创新，为今后进一步研究提供方法支持。目前，关于老年消费领域的研究工具主要借助于西方成熟量表，对有中国本土特色的消费行为，尤其是消费观念的系统研究较少，如果要研究中国特定文化背景下的老年消费群体，西方量表在适用性上存在诸多问题，必须在充分了解和研究中国本土社会经济文化对老年消费者影响的基础上，有选择的借鉴社会学、经济学、心理学、营销学等相关学科的研究成果，借助问卷调查和深入访谈等实地调查形式，形成一套适用于当今中国国情的老年消费行为和消费观念量表。对于本土化量表的构建，一方面可以丰富我国的老年消费行为理论，另一方面也为今后进行老年人消费研究提供方法支持。

1.2.2 现实价值

深入研究我国老年消费者的消费行为和消费观念，对于中国社会转型的关键时期了解老年人消费模式，促进社会主义市场经济建设、实现全面建设小康社会的总体目标具有重要的现实意义。

首先，有助于老年消费市场为老年人提供更有针对性的商品和服务，切实提高老年人生活质量，满足老年人日益增长的多元化需求。本研究通过对老年消费者内部进行市场细分，进行差异化分析，同时通过与其他世代消费者进行对比分析，全面揭示老年人消费行为和消费观念特点，有助于营销者辨别和判断不同类型的老年消费群体，能够更加准确地把握其消费行为，更有效地选定目标市场，从而针对不同类型消费者提供差异化的产品和服务，有效提升老年人生活品质。

其次，根据老年群体的消费特点，引导老年人进行合理消费，重建适合中国国情的消费价值观，从而有效拉动内需，促进经济发展，为养老保障改革提供经济支持。目前，我国经济发展和老龄化发展速度的不平衡决定了老年人这一特殊群体需求的多元化。伴随着近年来老年人口的持续快速增长，目前社会各界的普遍共识是：老年消费市场的潜力巨大，应当会大有发展。因此，应当把握好此契机，在不断完善社会养老保障的同时，政府有关部门和社会各界可以通过一定的宣传措施，在社会上营造出尊老、敬老的文化氛围，同时，改变老年人"重储蓄，轻消费"的固有消费观念，挖掘和发挥老年市场的潜力，使其成为新时期社会经济发展新的增长点。

最后，通过对老年人消费的研究，有助于发展和不断扩大老年消费市场，对缓解就业压力，维护社会稳定有一定的积极作用，进而有助于推进社会进步和文明程度，实现"不分年龄，人人共享的社会"目标。目前随着我国市场化程度越来越高，市场的进入者也越来越多，市场上产品的同质化程度越来越大，而差异化越来越小，因此对市场来讲，需要结合老年人的消费价值观、消费行为特点进行有效的市场定位。本研究通过构建老年人消费行为和消费观念量表，利用实地调查数据，研究老年人消费的特点、影响因素和差异性，以期更全面、深入地了解老年消费群体的消费行为和消费观念，为老年市场的研究者和营销者从新的角度对老年消费者这一特殊群体进行正确的市场定位，进而为深入了解和把握老年人消费行为和观念的特点和消费形态提供借鉴。

1.2.3 政策意义

从老年消费者自身需求角度出发,构建适合老年人需求的消费政策体系,为推进老年市场的发展和深化提供借鉴。目前,国家和各级政府对老龄产业的发展越来越重视,《中国老龄事业发展"十二五"规划》《"十三五"国家老龄事业发展和养老体系建设规划》相继出台了一系列扩大和繁荣老年消费市场、促进老龄产业的措施,将其纳入社会经济发展的总体规划中,采取各种措施,引导其健康持续发展。这些宏观政策要想得到良好的实施效果,需要首先了解和调查老年消费者的真实状况,系统分析和研究其消费行为和消费观念的特点和原因,从老年消费者自身特点和需求出发,有针对性地制定具体措施。

1.3 研究问题

伴随着人口老龄化的加速和老年人口群体规模的不断扩大,老年人口的消费行为和消费观念会在一定程度上影响未来我国社会消费的规模、结构,从而影响到社会经济的持续健康发展,因此,对老年人消费行为和消费观念展开研究是极其重要的,以往研究主要从营销学、心理学等不同领域探讨消费行为和消费价值观,但从人口学、社会学角度对老年人消费行为的研究较少,本研究在以往文献和理论研究的基础上,将研究的着眼点放在深入探索我国城市老年人消费行为和消费观念的特点、变化、需求和差异性等方面,主要解决以下两个问题:

第一,从实证角度探讨当代中国城市老年人的消费行为和消费观念特点和影响因素,以期较为全面揭示出我国城市老年人消费的现状特点和需求;

第二,基于消费行为和消费观念,分析我国城市老年人群体内部差异性,研究我国不同世代消费者的差异性,为我国老年市场的持续发展和未来走向提供借鉴和指导。

第 2 章

文献与理论分析

2.1 文献研究

2.1.1 老年消费市场研究

1. 老年消费市场总体研究

20 世纪 60 年代,西方对老年消费市场的研究开始出现,最早来自营销学。从 20 世纪 70 年代开始,老年消费市场的研究价值得到学界的重视,此领域的研究进展迅速,老年消费市场研究逐步进入微观层面。1980 年,西方掀起了老年消费研究的热潮,Rena Bartos 在"哈佛商业评论"上提出"成熟市场(mature market)"的概念。她将"成熟市场"定义为由 50 岁以上人口构成的,拥有巨大购买力的市场。这是学术界首次从老年人口规模和购买力的角度对老年消费市场进行界定的权威文献。自此以后,老年消费市场的主流研究由宏观转向老年消费行为的微观层面。

国内学界最早开始对中国老年消费市场的研究出现在 20 世纪 90 年

代,当时中国经济进入飞速发展的时期,人们生活水平得到改善,人口老龄化开始逐渐显现并加速发展。在这种情况下,老年市场问题越来越受到社会各界,尤其是理论研究界的广泛关注。关于老年消费市场的研究主要集中于以下几个方面:第一,老年市场研究的意义和必要性;第二,我国老年市场的特点;第三,我国老年市场的需求潜力测算;第四,我国老年市场的现状及问题;第五,发展我国老年市场的对策。

比如关于老年市场的研究最早着眼于人口老龄化和老年市场的关系研究,有学者通过实证分析得出结论,随着人口老龄化程度的不断加深,老年市场的潜力将越来越大(张纯元,1994;任远,1995);有学者通过"标准消费人"来测算我国老年人消费支出总量,提出 2000—2010 年的十年间是老年消费需求迅猛增长的十年,增长速度大大高于居民消费总需求(李建民,2001);有学者认为老年市场潜力巨大,因此需要利用市场细分的方法加以深入研究(任远,1995);有学者认为老年市场虽然潜力巨大,但具有特殊性,需要特殊分析(戴星翼,1996)。此外,还有许多学者从不同方面对老年市场做了深入分析,如周丽萍从医疗保健的角度对老年市场做了分析(周丽萍等,1995);从定性角度上,有学者从消费习惯的角度对老年人消费做了分析(吴健安,1996)。

总的来看,在学术界,目前多数学者对老年市场的发展态度乐观,为我国老年消费市场的发展提供了一定的理论基础。

2. 老年消费市场有效需求研究

有效需求是一个经济学概念,有学者将其定义为:具有支付能力的需求,即在一定的经济条件下所能满足的需求,具体指人们愿意并且有能力支付购买的商品或服务的数量(原新,2002;李建民,2001)。已有研究表明,市场的有效需求取决于三大要素:一是人口规模,即具有某种需求的人的集合,一定的人口规模是市场形成的前提;二是购买欲望,即人们必须对某种商品或服务所具有的消费需求;三是一定的购买力水平(王伟莉,

2009;刘同昌,2000)。

第一,人口规模。老年人口规模的大小在一定程度上可以影响老年市场有效需求的水平,因此,可以从老年人口现状和未来发展趋势的角度对老年市场有效需求进行深入分析(王伟莉,2009;刘同昌,2000)。

第二,购买欲望。已有研究中对老年人购买欲望的研究较少,仅有的也大多基于感性认识层面。如有学者认为,随着社会经济的不断进步和发展,老年人的价值观念、生活方式等也在不断发生变化;同时,从家庭生命周期角度来说,随着子女成年离开家庭,老年人大多处于空巢时期,用于自我消费的储蓄有了一定程度的积累,为老年人消费提供了前提。

第三,购买力。李建民(2001)认为:有效消费需求的前提是有支付能力,收入成为其决定因素。目前,关于老年人的收入来源,杜鹏教授将其分为离退休金、家庭其他成员供养、领取基本生活费、保险、财产性收入和除以上几种情况外的其他来源(杜鹏,2003)。有研究表明,收入水平低和收入不稳定是限制我国老年人消费的关键因素(李建民,2001)。此外,购买力的影响因素还包括老年人的自我保障,比如老年人在年轻时的养老储蓄、保险或者股票、债券等风险投资回报(原新,2002)。

此外,还有一些其他因素也在影响着老年人的有效消费需求,比如制度保障、消费环境等(原新,2002;励丹霞,2003)。

2.1.2 消费行为研究

1. 老年人消费行为研究

(1)西方老年消费行为研究的历程和思路

第一个老年学研究组织“老年研究会”成立于1939年的英国,自此,西方学术界开始了对老年学研究领域的关注。在研究早期,主要局限于生物学、医学、心理学等领域。从20世纪80年代开始,随着西方发达国家相继步入老龄化社会,老年消费市场的发展,老年消费行为研究开始受到关注。

在老年消费行为研究初期,多数研究基本都集中于老年消费市场层面的宏观探讨(如 Dodge,1958 等)。1970 年开始,老年消费市场已经开始作为一个独立市场而受到关注,老年消费行为研究开始进入微观分析层面,比如购物行为(Mason& Smith,1974)、信息来源(Schiffman,1972)、价格意识等。

从 20 世纪 80 年代开始,在西方,老年消费行为研究越来越多地受到学术界关注,研究视角和研究范围都有所扩大,比如购物环境对老年消费行为的影响(Lumpkin,1985)、老年消费行为的性别差异(Sherman et al.,2001)、角色转换对老年消费行为的影响(Schewe & Balazs,1985)等。1987 年,美国乔治亚大学建立"成熟消费者研究中心"(The Center for Mature Consumer Studies,CMCS),标志着老年消费研究进入新的阶段。

经过几十年的发展,西方学术界关于老年消费行为研究成果颇丰,尤其随着近年来消费市场的不断发展,老年消费问题日益得到广泛关注。目前,西方对于老年消费行为的研究趋势主要有以下几个特征:第一,研究的层面更加实际;第二,注重对老年消费行为的跨文化研究;第三,研究方法更加多元化和科学,开始侧重于实证研究。

(2)我国老年消费行为研究回顾

与西方成熟的老年消费行为研究相比,我国在老年消费行为领域的研究成果较少。对我国老年消费的研究更多侧重于对市场需求结构的宏观领域的探讨,而对老年消费行为、消费心理等微观层面则较少涉猎。但尽管如此,国内还是有部分针对老年消费行为的研究成果对老年消费行为领域做了较为深入的探讨,主要集中于以下几方面:

第一,老年消费行为特征。

有学者认为,老年人的消费特征是以年龄为基础的结构性消费特征。总的来说,老年人的消费具有以下几个特征:求实性消费、方便性消费、习惯性消费、补偿性消费、利己性与利他性消费、服务性消费、情绪性消费(王

兰英,1999)。此外,节俭也是老年人消费行为的重要特点(应斌,2005),老年人在消费过程中不容易受电视广告等媒体的影响,却容易与周围的人趋同的集聚效应,消费模式具有一定的稳定性(原新,2002)。有学者通过研究表明,老年人消费更多以健康为导向,比如老年保健、老年医疗服务、老年陪伴等(原新,2002)。

此外,姚朔影、张德鹏(2003)通过研究发现,老年人在消费过程中会呈现出群体购买效应的特点。和其他群体相比,老年人易受到周围环境的影响,他们在进行消费时,更愿意与同龄人进行交流信息,以获得安全感。

消费结构方面,老年人与年轻人的差异较大,主要表现为,在消费结构中,对营养品、保健品的支出比重较大,对服务的需求日益加大,开始追求兴趣与时尚(励丹霞,2003;张艳等,2010;何纪周,2004)。有学者利用城乡老年人状况追踪调查数据,对我国城乡老年人的消费结构做了深入分析(徐勤等,2004),研究发现:城乡老年人口消费比例最大的三项分别是烟酒消费、衣着消费和人际交往消费,在城市,人际交往消费支出排第一位,而在农村,排首位的是烟酒消费。

同时,有学者指出,老年人消费结构具有以下特点:以购买必需品为主;用于医疗保健的费用有增加的趋势;为子女孙子女的利他性消费比重加大;老年人对某些耐用消费品存在潜在的需求(张一华,1997)。

第二,老年消费行为的新趋势。

有学者指出,随着人口老龄化程度的加深和社会的不断发展,我国老年消费行为和消费观念正在发生着显著变化,比如消费观念年轻化、家庭角色弱化、补偿心理强化、消费心理成熟化、隔代消费比重大等(应斌,2005)。此外,老年消费者的利他主义消费观越来越普遍,许多老年人,尤其是“4-2-1”家庭模式的老年人,在消费模式上除了自我消费外,很大部分是对子女孙子女的消费支出,比如为子女孙子女购房、教育支出等,且在各地都具有代表性(张艳等,2010)。

第三,影响老年消费行为的因素分析。

老年消费行为影响因素较为复杂,涉及经济、社会、政治等多个方面,不同学科也有不同的研究重点,比如经济学更看重经济因素,在做消费行为影响因素研究中,往往会遵从“经济人假设”,将重点放在收入对老年人消费行为的影响上;而实际上,除了经济因素之外,老年人作为一个“社会人”,在消费行为和消费决策时还容易受到一些社会(比如周围环境、同辈群体等)、心理(比如偏好和动机等)等多方面因素的影响。基于此,有学者通过研究,将影响因素分为两大类,即个人因素和家庭因素(王怀豫,2005);还有学者直接将影响因素分为两个方面,即经济水平和传统观念。

收入。王金营通过标准消费人的方法,分析1978—2000年我国人均消费水平的决定因素是人均收入水平(王金营,2006)。有学者通过测算提出,老年人收入波动对消费的弹性相对较小(原新,2002)。

年龄。刘超通过研究指出,与其他人群相比,老年消费群体的消费行为差异比较明显,由于他们的年龄、健康状况和生活经验差异很大,因此不同年龄的老年人的消费行为是不同的。年龄越大,这种差异性越大(刘超,2005)。

社会经验和生活方式。有学者通过研究认为,老年人的社会经验、阅历会对老年人的消费行为和消费观念产生影响。因此,在研究老年消费者时,不可忽视经历和环境对其的影响(刘超,2005)。有学者也提出,生活方式也会对老年人在一定程度上产生影响,不同的生活方式的老年人,其消费行为和消费观念是不同的(罗纪宁,2003)。

传统观念。有学者指出,老年人消费时表现出来的一些传统因素,比如人情、面子等,会直接影响到老年人的消费行为和消费观念。李大雁(1999)通过研究发现,在当今社会,在老年消费市场中,诸如保守谨慎、重积累轻消费等传统的消费观念已成为制约老年人消费市场持续发展的最主要原因。因此,要想发挥老年消费市场的巨大潜力,首要的是帮助老年人树立现代消费观念。

2. 世代消费行为研究

(1)西方的世代消费群体研究

世代原指部队或者士兵,现代研究中,一般以年龄为标准,同时参考社会历史事件、文化和观念等一系列因素,即指相同年龄段有相似社会经历的群体,它代表具有一定共性的一类消费群体,世代考虑的重点不仅是年龄,而是出生年代和成长经历的差异,一个世代的人们不应只是年龄相近,更是对社会历史事件、流行文化等社会标记具有共同的经历和记忆。消费世代理论基于这样一个基本假设:即出生于同一个世代背景下的人经历过或者正在经历共同的政治、经济、社会和历史环境,会产生相似的观念和行为(Dell Hawkins,2000),并且这种观念和行为具有持久性。比如你与你的父母、祖父母穿的衣服不同、看的杂志和电视节目也是不同的(希夫曼,2002)。

20 世纪 60 年代,在美国的消费者研究中,主要将其分为三个世代,即“成熟世代”(出生于 1930—1945 年)、“婴儿潮世代”(出生于 1946—1964 年)和“X 世代”(出生于 1965—1976 年)(见表 2 - 1)。

表 2 - 1　20 世纪 60 年代美国消费者世代细分

世代	出生年代	占人口比例%	价值观特点
成熟世代	1930—1945 年	14%	责任感、努力工作、长远规划
婴儿潮世代	1946—1964 年	30%	个人价值、休闲
X 世代	1965—1976 年	17%	多样化、个性

20 世纪 90 年代,在此基础上,美国人口学家提出了消费者的五代划分法,将美国消费者划分为五代:“大萧条前一代”“大萧条一代”“婴儿潮一代”“X 世代(迷惘一代)”和“新人类世代”(霍金斯,2001)。

大萧条前一代:出生或成长于第二次世界大战的动乱年代,他们中许多人参与过第二次世界大战,目睹了战争带来的社会剧烈动荡,因此表现

得较为保守,谨慎,注重安全,尤其关心个人财产安全;

大萧条一代:出生于第二次世界大战和大萧条时代,成长于 20 世纪五六十年代较为繁荣的时期,伴随着音乐和电视长大,拥有较好的物质环境,这个世代的人一般喜欢享受生活,个性节俭稳健兼具开拓精神;

婴儿潮一代:出生于第二次世界大战末期到 1964 年生育高峰时期,美国陷入经济萧条时期,加之越南战争、冷战、能源危机等一系列危机,毒品、高离婚率、性解放运动强烈地影响着这代人。在价值观上这代人表现得更加自我,崇尚个人主义;

迷惘一代:出生于 1965—1980 年,他们中多数来自美国第一代双职工家庭,接近半数经历过单亲家庭,收入较低,许多有精神缺陷。这一代美国人崇尚物质主义、物美价廉和实用主义,同时缺乏必要的耐心,玩世不恭;

新人类世代:出生于 1981—1994 年,多来自双职工家庭,社会提倡多样化,电脑和网络开始得到广泛应用。这个世代的人重感情、有创造性,追求时尚,偏爱品牌。

(2)中国的世代消费群体研究

关于中国世代的最早研究来自 Helmut,他把中国的消费者划分为三个世代,即"社会主义者一代""失落的一代"和"关注生活方式的一代"(Helmut,1998);Frank 把中国的消费者分为六个世代:"战争的一代"(出生于 1911—1929 年)、"革命的一代"(出生于 1930—1948 年),"小康的一代"(出生于 1949—1965 年)、"独立的一代"(出生于 1966—1980 年)、"小皇帝一代"(出生于 1981—1999 年)、"因特网一代"(出生于 2000—2018 年)(Frank Feather,1999)。王海忠(1996)把消费者分为五代:"红色一代"(出生于 1925—1945 年)、"'文革'一代"(出生于 1945—1960 年)、"中国婴儿潮一代"(出生于 1961—1976 年)、"中国 X 世代"(出生于 1977—1989 年)、"中国 E 世代"(出生于 1990 年以后)(王海忠,1996)。

张永杰将新中国成立以来的中国人口分为四代。第一代人是成立新

中国的一代人;第二代人是中华人民共和国成立初期成长的一代人;第三代人是"文革"中成长的一代人;第四代人是改革开放成长的一代人。他通过研究指出,这四代人的行为原则是不同的。第一代人是"革命性";第二代人是"组织性";第三代人是矛盾的混合体;第四代人的行为原则是"主体性";他认为,第一到三代人注重的是事业的成功,而第四代人更多是侧重生活的成功(张永杰,1988)。

在此基础上,有学者根据不同世代中国人经历的社会重要事件和社会经历,将当今社会的中国人分成五个世代(刘能,2003):

战争和共和国的一代。主要包括1945年及以前出生的人,他们中大部分经历了20世纪前半期的动乱和战争,比如军阀割据、抗日战争、解放战争和新中国成立等重要的社会事件。他们中许多出生于战争年代,成长和生活在新中国成立初期。对这一个世代的人来说,他们亲眼看见了旧中国的动荡黑暗和新中国的统一光明,经过这种鲜明的对比,他们大多对改革开放以来的社会进步和发展感触颇深。

"文革"的一代。这一代的人多出生在1946—1955年,他们中许多都经历了知识青年上山下乡、"文化大革命"、贫下中农再教育等著名的历史事件。"文革"对这个世代的人们身上产生深深的烙印。对于这个世代的人们来说,共同的特征就是对下一代或者后辈寄托了自己没能实现的梦想。

恢复的一代。这一代主要指出生于1956—1967年,他们不是完全的理想主义狂热的追求者,而更多地充当着反思者的角色,他们中的许多在20世纪80年代中国思想解放运动中充当中坚力量,同时也是中国改革开放的生力军,在当今社会,他们中许多成为各领域中的精英。

三明治的一代。他们多出生于1968—1979年,整个社会开始恢复并逐渐开始发展,生产力也得到一定程度的提高。这一时期出生的一代人比较完整地接受了现代的正式教育,因此成为当今社会的中流砥柱。之所以称之为“三明治的一代”，主要是因为他们身上具有远超于前面几代人的知识体系和意识形态，同时与下面的世代相比，他们身上又具有更深刻的中国传统古文化价值观。

“我”字当头的一代。这个世代主要指出生在 20 世纪 80 年代之后。他们的成长轨迹伴随着中国改革开放以来经济的高速发展，中国成为世界经济体系中的一部分。不同于之前的世代，这个世代的人成长于得天独厚的物质环境，且由于中国开始实行计划生育政策，许多人都是独生子女，享受丰富的物质生活，因此他们的生活环境、价值观、社会责任感都不同于之前的几个世代。

不同于西方的稳态，在中国，快速变化的社会环境促使中国消费世代差异十分明显。中国的人口与家庭结构变动大，消费群结构的变化差异大，不同世代的消费观念和消费行为的差别也非常大。因此，在基于消费问题做中国的世代划分时，需要将人口因素、社会因素和环境因素进行综合考虑。

2.1.3　消费价值观研究

1. 西方的消费价值观

在西方，许多学者非常注重对影响消费行为的消费价值观系统进行分析、梳理和探讨。Park、Joworski 和 MachInnis 通过研究表明，消费者的愿望、需要和消费偏好都是消费价值观的反映，比如消费者需求主要分为功能性、象征性和体验性，反映在消费价值观上即功能性价值观、象征性价值观和体验性价值观（Park、Joworski&MachInnis，1986）。Chaudhuri 和 Morris 将消费价值观进一步区分为实用性价值观和享乐型价值观，其中实用性的消费行为被认为是理性的，而享乐型价值观被认为是主观的（Chaudhuri&Morris，2001）。Holbrook 通过研究，根据内部—外部导向和自我—他人导向，将消费价值观分为经济型价值观、社会性价值观、享乐型价值观和利他

型价值观四种类型(Holbrook,2006)。Smith 和 Colgate 则将其分为功能性价值观、象征性价值观、享乐性价值观和代价性价值观四种类型(Smith& Colgate,2007)。有的学者则认为:消费价值观包括功能性价值观、社会性价值观、情感性价值观、好奇性价值观和条件性价值观,消费者的选择是多种消费价值观综合作用的结果(Sheth、Newman& Gross,1991)。此外,Allen、Wilson 等人根据 Rokeach 的 36 项价值观问卷的题目,在此基础上增加了社会公平、权力、平等和自我决定四个项目,通过分析发现,消费价值观包括实用性、熟悉、名誉和最小环境影响四个因素,分别对应着形象关注、时尚关注、表情和情感、愉快和新奇(Allen、Wilson et al. ,2000)。

2. 中国消费价值观

关于中国人的价值观,许多学者都做过大量研究。如有学者用"社会取向"来描述中国人特点,分别是:社会服从、用非侵略性策略、向社会期望低头、担心别人意见(杨国枢,1981)。在此基础上,何友晖(1991)将社会取向分成两种行事原则:一是群体导向,即在社会互动中强调维持凝聚力;二是他人导向,指关注自我形象,强调他人对自己的看法。

通过文献回顾,可以将中国人的价值观研究分为以下几个方面:

第一,以己为中心。最具代表性的是费孝通先生的"差序格局"理论,在他看来,中国人是以自己为中心,就像把一块石头投入水中产生的波纹,水里波纹中心便是自己,而波纹由内及外表示关系从亲密到疏远(费孝通,1998);

第二,以社会、关系为中心。杨中芳认为,中国人的"自己",不仅包括自身,还应推及家庭、朋友、家族,是一种社会取向和关系取向(杨中芳,2004);

第三,以情感为中心。黄国光认为,中国人社会是一种情感关系,需要遵循人情法则和需求法则(黄国光,1983);

第四,从历史阶段划分价值观。翟学伟认为,研究中国人价值观需要从历史脉络中寻找,他根据历史重大事件将中国历史阶段分为上古阶段(殷商到春秋)、中古阶段(春秋到第一次鸦片战争)、近代阶段(第一次鸦片战争到新中国成立)、现代阶段(新中国成立到十一届三中全会)和改革开放以后等五个阶段,分别对应宗教意识取向、伦理取向、文化取向、政治取向和经济取向(翟学伟,2004)。

从消费角度来研究中国人的消费价值观的研究文献相对较少。曹艳(1999)用中国的传统文化价值观分析现代中国消费者的消费行为(曹艳,1999)。刘世雄(2005)将中国消费文化价值观分为七个维度:长期导向与短期导向、人和宇宙、不确定回避、物质主义、时间导向、集体主义和个人主义、情绪化和情绪中心。林清河等(2001)利用 Rokeach 量表,对台湾地区的大学生的消费情况进行调查,发现七个代表性的个人价值观:负责恭谦、幸福和谐、平等安和、诚恕助人、自尊与认同、成就与生活、才智能力。张梦霞(2005)用实证的方法,从儒释道角度来解释中国人的消费行为,其中,儒家价值观包括"家庭声誉""行为与地位一致"和"倾听他人"三个维度,道家价值观包括"和谐自然"和"崇尚自然"两个维度,佛家价值观包括"奢侈无用""相信缘分"和"公正平等"三个维度。

3. 消费价值观测量

已有研究表明,消费者的消费行为背后的意义和动机来自其价值观,比如,持有利他主义价值观的消费者更多地具有开放的心态,进行持续消费的概率更大(Andrew,2005)。

Rokeach 认为,在人的一生中可能存在的价值观不止一种,价值观之间可能经常发生冲突,价值观可以使我们更全面的理解和评估个体的动机和行为。在消费价值观研究中,较为著名的量表包括 RVS 量表、LOV 量表和 VALS 量表。

(1)RVS 量表(Rokeach Value Survey)

RVS 量表由 Milton Rokeach(1973)创立,是重要的价值观测量工具,具体包括终极价值观(terminal values)和工具性价值观(instrumental values)在内的36项价值观内容(表2-2)。量表用来测量消费者的价值观,被调查者根据价值观指导行动的重要性进行排序(William、Richard& Mary,1993)。

表2-2　RVS量表的项目内容

序号	终极价值观项目	例子	工具性价值观项目	例子
1	舒适的生活	富裕的生活	有野心的	勤奋工作,有抱负
2	令人兴奋的生活	刺激、积极的生活	心胸开阔	思想开放
3	成就感	持久的贡献	有能力	能干,有效率
4	和平的世界	远离战争和冲突	愉快	快乐的,兴高采烈的
5	美丽的世界	自然和艺术美	清洁	整洁
6	平等	均等机会	勇敢	坚持信仰
7	家庭安全	照顾爱人	宽容	愿宽恕别人
8	自由	独立、自由选择	乐于助人	为别人福利而工作
9	幸福	满足	诚实	真诚
10	内心和谐	远离内心冲突	有想象力	大胆的创造
11	成熟的爱	肉体和精神的亲密	独立	自立自足
12	国家安全	受保护免遭攻击	聪明	聪明,深思熟虑
13	愉快	令人愉快、悠闲的生活	逻辑	一致,理性
14	超度	永恒的生命	爱	富于情感,温柔
15	自尊	自尊	顺从的	顺从的,恭敬的
16	社会认可	尊敬、赞赏	礼貌	有礼貌的
17	真诚的友谊	亲密的友情	可依赖的	可靠的
18	智慧	对生活成熟的理解	自制的	自律的

（2）LOV 量表（List of Values）

在 RVS 量表基础上，密歇根大学调查研究中心研究者开发了一套 LOV 量表，其目的是通过价值观来评价各种类型消费者的角色适应性。与 LOV 量表相比，RVS 量表更整洁简短，易于实施。LOV 量表是基于 Feather、Rokeach 和马斯洛基于价值观的研究。主要包含 9 种终极价值观：自尊（self－respect）、安全（security）、成就感（sense of accomplishment）、自我实现（self－fulfillment）、归属感（sense of belonging）、受到尊重（being well respected）、温暖（warm）、享受生活（fun and enjoyment in life）、兴奋（excitement）。在具体测量过程中，LOV 量表可以有多种形式，比如可以两两比较（Reynolds，1980），或者排序（Beatty 等，1984）。此外，还可以对价值观做重要性评分（Munson，1984）。

Kahle 和 Kennedy（1989）通过研究指出，与 RVS 相比，LOV 量表更贴近生活，与人们的日常生活中的角色（比如夫妻、父母等）联系更密切。比如 RVS 量表中，“世界和平”这一指标评价很高，但反映这个价值观的消费行为却很少。因此，LOV 量表更容易操作。Homer 和 Kahle（1988）在研究中采用十分点量表的形式测量了 LOV 量表项目，他们认为这九项价值观可以归结为三个主要因子，即内部价值观因子（internal individual values）、外部价值观因子（external individual values ）和内部人际价值观因子（internal interpersonal values）。

此后，有许多学者通过研究表明 LOV 量表的效度。比如 Kahle（1983）通过研究提出，看重“温暖”价值观的人一般有很多朋友，看重“成就感”的人一般有较高的收入。Beatty（1985）研究发现，许多 LOV 项目和效标变量之间存在相关关系，比如看重“归属感”的人更喜欢群体行动，看重“享受生活”的人喜欢旅游、艺术等各种活动。

此外，Herche（1994）在 LOV 量表的基础上开发出了 MILOV 量表。MILOV 量表采用了 LOV 量表中的 9 种价值观，同时针对每个价值观提出若干项目，用以反映该价值观。MILOV 量表中共包含 44 个项目数。这些项目问题是研究者利用问卷调查、因子分析、德尔菲专家法等形式，从 400 多个价值观问题库中遴选出来的。通过回归分析发现，MILOV 的预测效度好于 LOV，同时，MILOV 更便于计算。

（3）VALS 量表（Values and Lifestyle）

VALS 量表是由美国斯坦福国际研究院（SRI）的 Mithell 和 Spengler 在 1978 年开发出来的。该量表是在马斯洛需求层次理论和社会特征理论基础上开发形成的（Riesman，David，Nathan Glazer &Revel Denney，2005），主要研究美国人的价值观和生活方式，以及它们是如何影响人们的行动的。

VALS 工具共包含 800 个具体的问题，具体内容包括态度、人口统计、消费等方面的项目，Mitchell 根据量表可将美国消费者分为 9 个细分群体（阳翼，2008），具体见表 2 - 3（Mitchell，1983）。

Kahle（1986）和 Beatty（1988）利用学生样本检验了 VALS 量表。研究发现，上述中 VALS 量表消费者的九个类型的确可以被证明，同时每个类型的百分比也极为近似。

在 VALS 量表出现之初，非常受商业市场欢迎，《广告时代》杂志将其称为“20 世纪 80 年代市场研究领域十大顶尖研究成果之一”。VALS 的影响广泛而深远，许多大公司都曾利用 VALS 量表做过相关研究，比如纽约时报、波音商用飞机公司等。但从 20 世纪 80 年代中后期开始，由于社会发展，科技和媒体呈现多样化发展，人们的价值观生活方式也在不断变化，VALS 被认为不能准确预测消费行为，因而开始遭受批评。

表 2 - 3　VALS 细分群体及特征

类别	细分群体类型	百分比	价值观与生活方式
需求驱动型（Need - Driven）	求生者（Survivor）	4%	处于绝望压抑状态，为社会所抛弃
	维持者（Sustainer）	7%	为摆脱贫困状态敢于做斗争的处境不佳者

续表

类别	细分群体类型	百分比	价值观与生活方式
外向型 (Outer – Driven)	归属者(Belonger)	39%	过于留恋过去而不愿面对现实,有所作为
	竞争者(Emulator)	8%	有进取心,希望出人头地
	有成就者(Acheiver)	20%	领导者,拥有高薪,享受优越的生活
内向型 (Inner – Directed)	我行我素者(I – Am – Me)	3%	关注自我,富于幻想的年轻人
	经验主义者(Experiential)	6%	追求精神生活,注重生活体验
	有社会意识者 (Socially Conscious)	11%	拥有强烈的社会责任感
内外向结合型 (Outer & Inner Directed)	综合者 (Integrated Lifestyle)	2%	较为综合地结合外向型和内向型因素

基于此,SRI 研究所开发了 VALS2。来自 SRI 研究所和斯坦福大学、加州大学伯克利分校等相关专家研究提出,应当根据消费者的个性特质而不是随时间不断变化的价值观来进行市场细分。VALS2 基于 170 个产品的消费数据基础上形成,其目的是找到消费行为和消费态度之间的确切关系。与 VALS 相比,VALS2 只包括与消费行为的项目,同时比 VALS 更接近消费。根据研究,VALS2 量表主要有两个因素:第一,消费者的资源因素,比如收入、教育、购买愿望、能力等;第二,消费行为和价值观。据此,消费者可分为以下 8 个类型(阳翼,2008)。

表 2 – 4　VALS2 消费者类型及其特征

消费观类型	特征
创新者(Actualizers)	追求新产品、新技术等现代物质生活
实现者(Fulfilleds)	兴趣广泛,致力于教育或者公共事务
成就者(Achievers)	追求名望,看重成就
经验者(Experiencers)	追逐享受,喜欢社交
信仰者(Believers)	品牌忠诚,喜欢物美价廉的东西
奋斗者(Strivers)	看重个人奋斗,努力
制造者(Makers)	追求休闲生活
幸存者(Strugglers)	相信广告,喜欢打折商品

(4)NAVO 量表

Barak 和 Schiffman(1981)在老年消费行为研究中,将老年人按照老年人自己的感觉、行为和兴趣来界定老年人,并将其细分为“传统老年人”(traditional elderly)和“新生代老年人”(new - age elderly),这里的新生代老年人主要是指那些自我感觉年轻、思想和行为也年轻的老年人。为了对其进行有效区分,Sherman(1997)和 Mathur(1998)等人开发出“新生代老年人价值观量表”(New - age Value Orientation Scales, NAVO)。这个量表是典型的 Likert 量表,由 35 个题目构成。研究最后提炼出 9 个因子,即新生代老年人九种消费价值观:(1)价格意识型(price conscious);(2)探索冒险型(adventurous);(3)享受型(enjoy shopping);(4)凑合型(barely getting by);(5)知识型(market knowledge);(6)年轻型(stay young);(7)折扣型(discount shopper);(8)信息超载型(too much information is bad);(9)快乐/成功型(happiness/success)

2.1.4 市场细分研究

市场细分是从消费行为学研究老年人消费的重要概念。最早是由美国著名经济学家温德尔 · 史密斯(Wendell R. Smith)在 1956 年提出来的。市场细分是建立在消费者差异性的基础上,依据某个或者某些特定因素将消费市场分成若干个具体子市场,以便企业更好地制定营销策略。在本研究中,之所以引入消费行为学的这个概念,主要基于以下原因:一方面,按照世代的消费划分本身就是一种按照年龄变量进行的市场细分;另一方面,老年人作为本文的研究目标群体,本身就是一个庞大而复杂的消费群体,其内部存在许多不同的消费类型,因此需要借助市场细分的方法进行进一步细分,进而进行有针对性的分析。

1. 市场细分研究的发展历程

最初的市场细分研究的重点是人口统计变量。作为市场细分研究中最常见的变量,人口统计具有非常突出的优点,即数据容易搜集和获得,但也存在信息有限,因此要深入全面分析消费者和消费行为,仅依靠人口统计变量是远不够的,还需要补充其他方面的数据信息(Plummer& Joseph,1974)。

第二次世界大战后,市场细分方法有了进一步发展,有学者(Koponen,1960)开始把消费行为和人格量表结合起来,并将其称之为"人格测量法"。20世纪60年代开始,Dichter在临床心理学基础上开始对消费者的消费动机进行研究,细致描述了消费者消费过程中的心理特征,但这项研究仅限于个体微观层次的研究,难以扩展到宏观层面(Plummer& Joseph,1974)。20世纪70年代开始,市场细分研究进入快速发展阶段,人格测量与消费动机开始结合起来进行研究,相继出现了"生活方式研究(Life style)""心理地图方法(psychographic)"等(Wells,1975)。

从20世纪80年代开始,有学者提出,生活方式和心理地图的研究只是根据大量问卷做描述分析,缺乏理论基础,因此,他们提出引入价值观理论来对市场细分进行研究,他们认为,价值观是消费者行为最重要的决定性因素,同时提出假设:价值观的差异决定消费行为的差异(Kahle,1986)。20世纪90年代开始,后现代主义盛行,在此背景下,有学者开始用后现代主义来研究消费。但这种研究方式是建立在西方后工业消费社会之上的,而中国目前的市场不是很成熟,市场研究也并未普及,更适合用较为传统的方式来进行研究。

2. 市场细分的研究视角

市场细分来源于西方,主要的研究视角包括以商品为导向和以消费者为导向两个方面。其中一个视角主要从企业的角度出发,根据不同的营销目标,比如产品定位、广告目标等,在一定的情境下根据消费者的不同特征进行分析(刘超,2005),另一个是以消费者为导向的市场细分。这个视角在理论研究方面应用比较广泛,主要是依据消费者的需求来对其进行细分

(Tony,1986),具体见表2-5。

表2-5 市场细分的视角

	角度	变量	目标
以产品为导向	企业营销	消费行为、消费态度、产品使用率、广告目标等	了解消费者在特定情境下对产品的需求,造成不同消费行为的差异分析,进行具体策略分析。
以消费者为导向	理论研究	个体心理因素、社会文化环境等	了解不同消费者造成不同消费行为的心理因素。

3. 市场细分的研究方法

一般来讲,市场细分有两种方法,一种是事前细分法,另一种是聚类细分法。事前细分法主要指在研究前,研究者就选定一定的标准,采用定性分析方法来进行市场细分。聚类分析法主要是指根据心理地图变量,比如态度、需要等,先采用因子分析方法对变量进行降维,在进行聚类分析得到细分群。

有学者将细分变量归结为环境变量(地理、人口、社会文化)、心理变量和行为变量这三大类,同时根据这三类变量形成以下几种细分市场的基本形式:

(1)环境细分

首先,根据地理变量进行细分。根据消费者所在的地理位置来细分市场。比如地区、城市大小、气候、地形地貌等。由于已有研究表明消费者在不同地理环境下,可能会对同一类产品表现出不同的需求和偏好。

其次,从人口统计学角度来细分。可以从性别、年龄、收入、职业与教育、家庭生命周期几个角度来研究:

性别:由于生理上存在差别,男性与女性在同一类产品的需求与偏好上存在很大差异性,如在服饰、发型等方面。

年龄:年龄的不同,消费者的需求是不同的,尤其是老年人和年轻人在很多领域都存在差异,年轻人追求时尚流行,而老年人更多是注重实用。

收入:有研究表明,低收入和高收入的消费者在产品选择、社会交际等方面都会有差异。

职业与教育:消费者职业不同、受教育程度不同也都会导致所需产品出现差异。比如,在车辆购买上,农民会倾向于购买拖拉机、面包车等载重的车辆,城市白领会选择品牌代步的小汽车,而学生多选择轻便的自行车。

家庭生命周期:根据家庭生命周期理论,不同的家庭阶段,根据年龄、婚姻和子女状况不同,家庭购买力、对商品的兴趣与偏好有显著差异。比如刚建立的年轻家庭会有较多的电影、旅游等休闲消费,而有孩子的家庭更多的是子女身上的消费,比如教育等。

最后,按社会文化变量进行细分。根据购买者所处的社会阶层、生活方式等社会文化环境进行细分市场。

社会阶层:指社会中具有相对同质性和持久性的某些群体。处于同一阶层的社会成员会表现出类似的价值观、兴趣爱好和行为方式。处于不同社会阶层的成员对所需的产品也大不相同。

生活方式:人们的生活方式的不同也会影响到其对产品的选择。例如有的追求稳定安逸,有的追求刺激、冒险;有的追求新潮时髦,有的追求实用简朴。在服饰选择上,不同生活方式的女性选择的服装类型也大不相同。

(2)心理细分

按心理变量进行细分。根据消费者的个性、态度、性格等特征进行分类。

个性:个性是一个人对待周围环境的一种心理倾向和反应,一般来讲,不同的性格会反映出不同个性,比如顺从和叛逆,自立和被支配等。比如,同样是购买保险,个性自信的人和个性保守的人购买的项目会有所不同。

态度:主要指消费者在消费活动中所持的积极或是消极倾向,态度积极和态度消极的消费者在消费行为上会表现出差异性。

(3)行为细分

按行为变量进行细分市场。即根据消费者对产品的了解程度、态度、使用率及反应、品牌忠诚度等将其划分成不同的群体。行为可以更直接地反映消费者的需求差异,因而可以说是市场细分的最佳起点。

4. 老年市场细分

1956年,Wendell Smith第一次提出市场细分概念,自此以来,市场细分研究一直受到西方关注。在各个年龄阶段中,作为特殊群体,老年消费者之间的差异最为明显,尤其伴随着社会转型和人口老龄化进程的不断加快,老年人消费行为和消费观念不断发生着变化,老年市场发展迅速,老年产品和服务呈现多样化趋势。因此,对老年市场进行细分是非常有必要的(Moschis,1996)。

(1)老年市场细分方法

对老年消费市场细分方法非常丰富,早在1985年,有学者通过研究表明,退休后的老年人表现出不同的态度和消费行为模式。研究识别出三种类型的老年人,并指出决定退休调适模式的两种因素。通过研究指出,老年人市场具有复杂性。如果能认识到这种复杂性,并且有效加以利用的公司可以在市场上获得价值不菲的利益(French&Fox,1985)。有学者提出,对老年市场的研究可以从年龄、性别、婚姻状况等人口统计学特征和一些经济、社会和文化心理特征变量进行市场细分(应斌,2003)

有学者根据已有研究成果,总结了5个大类和33种老年消费市场细分变量类,即健康、活动水平、可支配收入、可支配时间和对他人的反应(Bone,1991)。

(2)老年市场细分模型

第一,根据消费者年龄进行细分。

这是较为普遍的细分方法,比如,有学者根据年龄将美国老年市场分为四个子市场,即55~64岁老年人市场、65~74岁老年人市场、75~84岁老年人市场、85 岁及以上老年人市场(Leventhal,1991)。也有学者主张按照世代,将老年市场按照年龄划分为 55 ~ 64 岁、65 ~ 74 岁和 75 岁以上三个细分市场(Lunsford&Burnett,1992)。

实际上,随着老年人年龄的增大,他们的人生阅历和生活经验越来越丰富,他们之间的消费差异也会相应越来越大(Moschis,1996)。因此,不能仅按照年龄来细分老年市场。

第二,根据消费者人格进行细分。

Sorce(1989)通过问卷调查的形式,研究了美国老年消费者的消费行为和态度,根据人格类型和价值观,区分老年消费者的六类群体,进一步细分了美国的老年人市场。调查得出结论:老年消费者分为六类群体:“自立型”“内向型”“家庭型”“积极型”“安全型”和“年轻型”。可以根据老年人的不同类型进行市场定位。比如“自立型”的老年人强调自立,有很强的自我依赖能力,但安全感比较低;“内向型”的老年人不擅长冒险,安全感和自立能力也比较低;“家庭型”的老年人强调家庭,冒险倾向较低,但较为喜欢运动;“积极型”的老年人喜欢运动,冒险倾向较高;“安全型”的老年人比较强调安全性,冒险倾向比较低;“年轻型”的老年人较为不关注家庭,但有较高的冒险倾向(Sorce,1989)。

在此基础上,有学者(Shufeldt, Oates & Vaught,1998)利用非处方药药物购买这个具体的指标,对 Sorce 所做的老年消费者六个类型的划分做了进一步研究。研究发现,价格对于“内向型”老年群体的购买决策具有很大的影响,而“家庭型”却相反,最不容易被价格所吸引。价格因素对于“安全型”和“内向型”老年群体具有重要影响,但对“自立型”“家庭型”和“积极型”老年群体影响较小。

第三,根据消费者态度进行细分。

有学者根据美国人对待健康保健、食品消费和自我关系的态度和看法,将美国 50 岁及以上的成熟美国人进行细分,主要分为四种类型:积极

享乐者、受威胁者、不安全者和积极者(Kotler,1999)。

第四,根据消费时机进行细分。

日本学者平岛廉久提出,老龄消费市场可以划分为六个类型:为老龄化即将到来的“准备市场”、为老年人自我消费的“自我消费市场”、为老年人购物赠予得到照料的“礼品市场”、为向老年人表示孝敬的“敬老市场”、为高龄老年人准备的“安心立命市场”、为老年人去世准备的“逝者纪念品市场”(崔莉,2002)。

2.1.5 文献研究述评

通过对以往研究的回顾和分析,发现我国老年人消费行为和消费观念的研究方面仍存在深入研究的空间,主要体现在以下几方面:

1. 研究视角上,忽视微观层面的实证分析

以往研究主要集中于对老年消费市场、老年人购买力的整体宏观层面的分析,而在老年人消费行为和消费观念的相关研究中,更多的是建立在观察和感性认识基础上,缺乏系统的实证分析,尽管老年消费市场和购买力的宏观研究成果很多,但仍存在一定的局限,即将研究重点放在总体研究上,对微观层面的深层探讨势必会有所减弱,在政策上面难以提出操作性强且有价值的建议和措施。

2. 研究方法上,缺乏实证与理论结合分析

在目前对消费者的行为研究中,主要是跨国公司针对消费者所做的实证研究,实证分析虽然比较中立、客观,但是它是建立在个体理性的前提下进行的,而对老年消费行为的研究,大多基于感性分析,缺乏客观的调查数据和资料。中国具有历史悠久的文化传统,同时社会转型期,消费环境比较复杂,这种特殊性、复杂性决定了单纯依靠实证或者感性分析都不能全面、准确地了解和掌握我国城市老年人消费行为和消费观念,因此需要将实证与理论相结合进行系统研究。

3. 研究工具上，缺乏本土化的量表

以往关于消费行为和消费价值观的量表主要来自西方研究，伴随着老年人收入和经济状况的不断改善，越来越多的老年人开始寻求发展性消费，在消费观念和行为上又表现出不同于以往的差异性。可以说，当代的老年人消费观念和行为兼具传统性和现代性。这种复杂性使得我们在研究其消费观念和行为过程中不能一味照搬西方量表。因为西方量表纵然相对成熟，但基本都是依据西方消费者的行为特点和生活方式构建的，不可能完全适用于中国。如果完全照搬，会造成测量偏差和结果的不准确。因此必须在此基础上进行本土化修正，特别根据我国老年人的特点和具体情况，构建适合中国特色的老年人消费行为和观念量表。

4. 研究内容上，忽视老年消费者内部和外部差异性分析

以往对老年消费者的分析，主要分为两个方面：一个是宏观的整体层面的市场分析，另一个是老年消费行为和消费观念的感性认识，都是建立在老年人是同质性群体的基础上。但在现实中，通过研究发现，老年人由于经历过长期的社会积累和积淀，其内部差异很大。这种复杂性决定老年群体并不符合群体同质性的假设，需要针对其群体的异质性进行分析。这种差异性一方面包括老年群体内部的差异，另一方面也包括老年群体与其他年龄群体之间的差异。

5. 研究对象上，将消费者作为"使用者"而非"社会人"

在中国的消费者研究，无论是整体研究还是特殊群体研究，比如老年群体的研究，存在一个重要的问题，即过多地将消费者作为产品的"使用者"而不是一个"社会人"，即研究重点在消费者怎样使用产品，而不是将消费者作为社会人纳入消费情境中去考察其社会背景、群体互动、文化特征等。尤其是在众多跨国公司对消费者消费行为的分析中，已经形成了比较系统的标准化分析体系，忽视将消费者放在一定的文化情境之下，比如中国不同文化系统之下去建构本土化的分析框架，使得对消费者的研究多单

纯依靠数据解读,结论不够深入。因此,本文在对中国城市老年消费者进行分析时,不仅将老年人作为“使用者”“经济人”,更多地将其作为社会人研究对象,放在中国城市的文化环境中去考察,同时建构本土化的测量工具,考察其对特定文化环境和老年群体的适用性。

从中不难看出,我国对于老年消费实证研究,尤其是老年消费行为的研究,多侧重于对老年产业的宏观探讨,而对老年心理、消费行为等微观层面的研究较少,特别对老年个体的微观层面缺乏深入细致的研究。对实证数据的获取和检验比较困难,用实证方法从微观层面对老年消费行为和消费观念进行研究,对我国老年消费研究来说,既是有益探索,也是巨大挑战。

2.2 理论基础

2.2.1 老龄理论

1. 与消费者行为相关的老龄理论回顾

有学者认为:研究人类晚期行为的理论方法主要有两种:传统理论和人文主义理论。本节通过对老龄理论的回顾,分析其对消费者行为研究的主要价值和贡献(Moschis,1991)。

(1)传统老龄理论与消费者行为

传统老龄理论主要遵循实证分析基本逻辑,基于对个体和环境的关系,主要可以分为三个理论类型:生物学老龄理论、心理学理论和社会学理论。

第一,生物学老龄理论。生物学老龄理论主要研究生命周期中个体生物功能的变化情况,认为老化是人体功能下降的生理现象,是受个体和环境因素双重影响的。个体因素理论包括新陈代谢(metabolic)理论、损耗

(wear - and - tear)理论、免疫学(immunological)理论、内分泌(neuroendocrine)理论等;环境因素理论包括细胞突变(somatic mutation)理论、自由基(free radical)理论等。

生物学理论试图解释个体功能老化的过程和原因,对老年消费市场而言,老年人心理和生理的变化发生时间和程度是不同的。因此,在根据老年人消费行为推断是由于生理老化导致身体功能下降的结果时,需要注意这种机能下降的时间和程度是存在差异的。实际上,关于老年消费市场的群体同质性假设已经引起一些学者的质疑。有学者指出,为了保持理论解释的说服力度,社会学家们不得不将某个类别的群体成员看作具有同质性进行研究(Hendricks,1977)。

第二,心理学老龄理论。心理学老龄理论关注生命晚期的认知、自我和个性心理发展的过程,认为个体的认知过程受到生理因素和环境因素,同时关注自我和个性的发展。心理学老龄理论关注重点在于解释生命过程中认知、自我概念和个性的变化原因,在消费者行为研究上,需要注意解决研究的合理性问题(Sirgy,1982)。

第三,社会学老龄理论。社会学老龄理论认为,处于不同年龄阶段的人有不同的社会定位和社会角色,因此社会对个体的角色期望也是不同的。社会老龄理论关注个体生命晚期角色的适应性问题,主要包括年龄分层理论、活动理论、交换理论和疏离理论等。在消费者行为研究领域,这些理论尚未找到足够的理论支持,但仍具有广阔的应用前景。

比如,宏观层面上的政治经济学理论和现代化理论可以以国家或地区为单位分析亚文化背景下的老年人消费行为;亚文化理论有助于解释细分市场上的消费者行为表现,也可以解释老年亚文化背景下消费者行为的同质性(Moschis,1991);年龄分层理论的价值在于可以解释某些特定社会背景下老年人的消费行为,即这些社会对老年消费者持有相应的年龄规范和预期。它具有将集中老龄理论整合成一个更加综合、一致性的研究框架的

能力。

(2)老龄研究的人文主义理论与消费者行为

老龄研究的人文主义研究主要体现在不同的研究方法上,主要包括:辩证老年学(dialectical gerontolgy)、阐释老年学(hermeneutic gerontology)、批判老年学(critical gerontolgy)。

辩证老年学认为个体老年具有矛盾冲突的特征,这种矛盾需要在历史和发展的框架下进行定位。辩证老年学主要目的是突出矛盾,而非消弭矛盾。阐释老年学主要将关注点放在对事件和事实阐释,比如理论和事实之间、理论事实和行为之间,多用于非实证研究所能描述清楚的概念和事实;批评老年学更多的关注个体的能力,将老化看作是个体从束缚走向自由,超越支配的发展过程。

总的来看,人文主义理论老龄研究虽然应用不是很广泛,但在方法论理论具有较大的创新和贡献,仍具有相当大的价值。目前,关于消费者行为研究较多的依赖于传统理论,关于人文主义理论老龄研究的应用价值值得进一步深入挖掘。

(3)老龄研究的多元理论视角与消费者行为

老化过程是多维的,年龄反映的是生理、心理、社会、精神的多维状态。因此,对老年人消费行为和心理态度研究中,不存在唯一的方法,需要综合考虑各种不同的角度和观点。

有学者尝试将老龄研究的多种理论整合成一个完整的概念框架,比如综合运用心理测量方法、年龄分层理论等。Moschis(1991)根据不同方法论在其他学科中的接受程度、方法论本身的缺陷和潜力、解释消费者行为的潜力等原则基础上,对各种老龄理论对老年消费者行为研究理论做了等级划分,以期对未来研究做粗略的理论指导。

总的来看,老龄理论对消费者研究的理论贡献和研究方法还不够完善,一些方法仍处于理论发展初始阶段,而一些虽然理论上有所发展,但仍需要实证方法进行检验。

表 2－6　老龄理论对老年消费者行为研究贡献

好 (Good)	较好 (Fair)	一般 (Poor)	待商榷 (Questionable)
年龄分层理论 生命周期理论 社会化理论 政治经济学理论 处理—资源理论	交换理论 现代化理论 亚文化理论 阶段理论	活动理论 连续性理论 疏离理论	批判老年学 阐释老年学 标签理论 自我一致理论

资料来源：Moschis, George P. Approaches of the Study of Consumer Behavior in Late Life. Advances in Consumer Research, 1991, 18: 517－520

2. 主要借鉴理论

(1)年龄分层理论

年龄分层理论最早是由美国学者 M. W. Riley 和 A. Foncr 提出的，该理论建立在社会学结构功能主义理论之上，强调社会结构对老龄化过程和社会按照年龄进行分层的作用和影响，来试图理解老年人的社会角色、社会地位和个体老龄化的过程。

按照年龄分层理论，年龄是具有普遍性的标准，且是动态变化的，当人们的年龄层次发生变化时，社会赋予其社会角色和责任也会发生变化，但这种年龄与角色之间并不是函数关系，而是一种相关关系，比如一个人达到某个年龄层，但并不意味着必须承担某种角色和责任，反之亦然。

从构成来看，年龄分层理论具有四个要素。第一个要素是“同期群”，即按照年龄或者其他标准划分的若干个不同的子群体。这种同期群可以使相同年龄或者处于生命历程的同一阶段，比如就学、结婚、工作、退休等，也可以是经历过不同的社会背景和历史事件，这种共同的社会背景或者经历使同一个同期群的人具有相同或者相似的价值观。第二个要素是不同年龄层的能力和责任，不同年龄层所具备的能力不同，其承担的社会责任也有变化。第三个要素是不同年龄层的社会形式，通过社会作用表现出来，比如退休年龄、成年年龄等。第四个要素是年龄期望，即社会对其角色

的一种反应方式。这种社会期望是一种公众意识,具有普遍性。根本上说,年龄分层理论的四个要素体现了生理人(比如个体年龄、能力等)与社会人(比如社会角色、期望等)之间的关系(邬沧萍,1999)。

此外,从影响因素来看,年龄分层理论具有两个内在干预因素和两个外在干预因素。内在干预因素包括群体流动和老龄化,群体流动因素主要指推动年龄层次形成的因素,主要包括出生率、死亡率和迁移流动等,老龄化主要指个体的衰老过程。这种衰老过程模式因人而异,因此在同一个同期群中会表现出不同个体之间的差异性。两个外在因素主要指角色分配和社会化因素,不同的社会背景和经济发展程度,对角色的需求和标准是不同的,而社会化能够保证个体在年龄层次之间顺利的过渡,贯穿于个体的整个人生(邬沧萍,1999)。

年龄分层理论的价值在于可以解释某些特定社会背景下老年人的消费行为,即这些社会对老年消费者持有相应的年龄规范和预期。此外,年龄分层理论在解释老龄化过程中的差异性也有很大价值。该理论认为,由于内外干预因素不断发生变化,不同的同期群的老龄化形式是不同的。比如,反映在老年人消费行为上,不同期群的老年人由于收入水平、文化水平等因素的影响,他们会表现出不同的消费倾向。同时,在这种内外因素的干预下,同一个同期群的老年人对于能力、角色和期望的差异也会有所不同,从而构成不同个体在老龄化过程中的层次差异。该理论为老年人消费行为和消费观念的内部和不同世代的差异性分析提供了理论基础和分析框架。

(2)脱离理论与活动理论

脱离理论源于 1961 年 Cumming 和 Henry 合著的《逐渐衰老(Growing Old)》一书,是老年学界提出的第一个主要理论。该理论认为,当个体进入老年期之后,由于生理衰老,不适合再担任社会角色,应当脱离社会。这样既有利于老年人个体,也有利于社会。这种脱离一方面可以让老年人摆脱职业角色负担,保持平和心态;另一方面可以使其更好地适应家庭关系,改善老年人生活质量。脱离理论认为老年人这种脱离过程是具有普遍性和不可避免的，从理论的高度总结了老年人与社会的关系，但该理论忽视了老年人内部的复杂性和差异性。

在此基础上，美国学者 R. Havighurst 提出了活动理论，他通过对美国堪萨斯州 300 名年龄在 50～90 岁的健康中产阶级白人 6 年的调查，提出，老年人为了保持生命活力，应当积极参与社会，重新认识自我。

活动理论的前提假设是：老年人角色通过参与社会，获得角色，从而获得自我认同，提高生活满意度（邬沧萍，1999）。由此可见，老年人通过社会参与，在社会中不断获得新的角色，才能促使其更清楚地认识自我，从而提升其生活品质。

活动理论认为，当人们进入老年阶段后，其角色并不是强制性的。这种非强制性角色越多，越有益于改善老年人的精神状态。因此，需要通过社会参与，获得更多的社会新角色，改善因为进入老年期而丧失或者中断的角色而引发的情绪低落，从而促使其更清楚地认识自我，体现其人生价值，获得社会尊重和回报。消费本身就是一种社会参与，老年人正是通过消费活动，实现与社会的互动，获得自我认同。脱离理论和活动理论在对于探寻老年人在消费行为表现出来的差异的深层原因，比如老年人保守的"无力感"和现代的"老有所为感"消费倾向的原因提供了理论框架。

（3）连续性理论

连续性理论以研究老年人个性为基础。该理论认为，不同的个性对老年期有重要作用，成年期的个性和生活方式会延续到老年期。美国学者 Reichard、Livson 和 Peterson 通过对年龄在 55～84 岁的老年人调查，提出了老年人的五种性格结构：成熟型、摇椅型、装甲型、愤怒型和自我怨恨型。其中成熟型的老年人是较为理智的一类群体，他们能够正确认识自己和社会，坦然平和地面对问题；摇椅型老年人满足目前生活状态，但对参加社会活动较为消极；装甲型老年人有自己独立见解和个性，独立性强；愤怒型老

年人对社会充满怨恨，情绪始终处于不稳定状态；自我怨恨型老年人否定自己，认为自己是失败者。

连续性理论利用个性差异来展示出个体老龄社会化的差异性，在分析老年人消费行为差异性原因时可以提供很好的理论借鉴。

2.2.2 消费理论

1. 生命周期理论与行为生命周期理论

生命周期理论由美国经济学家弗朗哥·莫迪利安尼（Franco Modigliani）最早提出。该理论假设消费者是完全理性的个体，以效用最大化为原则来安排一生的消费，以实现一生中储蓄和消费的最佳配置。作为消费者，其现期的消费不仅由现期收入决定，而且与之后的收入、资产和年龄有一定关系。作为个体消费者，其一生中的工作时期是积累储蓄的阶段，而其他时期为动用储蓄阶段，用工作时期的储蓄积累来弥补其他时期的消费。因此，个体在消费时具有前瞻性，不应当只考虑现期的收入，而更多地考虑到一生的总收入。

生命周期理论认为，年龄对社会总的储蓄和消费会产生影响，在一个社会里，不同年龄段的人群比例会影响到整个社会总的储蓄和总消费情况。一般来说，社会中劳动力人口的比重大时，则这个社会的储蓄倾向较高，而消费倾向较低；而社会中老年人比重大时，则相反。生命周期理论对于从微观层面理解老年人的消费行为和宏观层面来研究老年消费市场的形成有很大帮助。

以往经典的消费理论，如生命周期理论、持久收入假说等都是建立在完全经济人的假设之上的。但在现实生活中，这些理性的理论却无法完全解释许多经济现象。比如，生命周期理论认为，个体总会以效用最大化为原则，根据一生总的财富来安排每一个阶段的财富分配，显然与现实生活中的许多实际消费行为是不相符的。基于此，有学者提出了行为生命周期理论(Shefrin &Thaler,1988)。行为生命周期理论从社会心理学出发,对生命周期理论进行进一步的修正和完善。行为生命周期理论建立在生命周期理论之上。生命周期理论认为,个体会通过在工作阶段收入的积累,为进入老年期的消费而进行储蓄。行为生命周期理论则认为,这个储蓄行为实际上是非常复杂的,个体在进行消费时,总是会面临着两难的抉择,即是选择即时消费还是先为未来老年期的消费而储蓄。行为生命周期理论引用"双重偏好结构"概念进行描述,一个偏好是"行动者",即着眼于短期目标,看重享受,倾向于更可能多的消费,表现出一种感性的消费行为;另一个偏好是"计划者",即从长远考虑,将追求效用最大化作为目标,更多地表现出一种理性的消费行为。这种两难的境况会在个体始终处于矛盾状态,心中产生一种"内在冲突",而如果要选择"计划者"角色,通过储蓄实现未来的消费,就不得不抵抗住现期消费的"诱惑",放弃即时享受,需要个体凭借"意志力"的"自我控制"。

当前的老年人大多出生于新中国成立前后,他们中许多人都经历过新中国成立前的艰辛,新中国成立后,又经历了一系列社会事件,即便在改革开放以来经济和社会发生翻天覆地变革的今天,他们身上仍带有过去传统的烙印,因此也有学者形象地称之为"偏爱传统的一代"。随着国家开始对居民养老、医疗等各方面社会保险改革的大范围展开,使得老年人对未来不确定性的预期有所增加。和年轻人相比,老年人在享受社会发展带来好处的同时,也会更注重这些不确定性因素,之前的社会阅历使其具有更强的自我控制能力。基于此,本文假设:和年轻人相比,老年人消费所呈现出来的是一种"计划者"角色。

2. 心理账户理论

心理账户理论是消费行为学一个非常重要的理论,最早由芝加哥大学著名的行为科学教授塞勒提出。塞勒认为,个体在进行消费时,正是由于心理账户的存在,其在进行消费决策时,往往不会遵循一般的经济运算法

则，表现出一定的非理性消费行为。比如，个体在进行消费决策时，有时会进行“心理账户”的估价，即将过去和现在投入分门别类进行管理，将其加起来计算出消费的总成本，作为其衡量消费决策后果的参考。一般来说，个体在进行消费决策之前，都会根据其自身的“心理账户”来进行重要性排序，决定取舍。在这个过程中，个体的情绪、动机、偏好等这些非理性因素都可能成为作出决策的重要因素，使得消费决策也带有明显的非理性特征。塞勒认为，无论是企业、组织还是家庭、个体，都存在这样一个心理账户系统，只是这个心理账户系统有可能是明显存在的，也有可能是潜在的。

心理账户理论认为，根据财富的形式和来源不同，一个消费者可以具有三个不同的账户，即现期可花费的现金收入账户(I)、现期资产账户(A)和未来收入账户(F)。在行为生命周期理论看来，针对不同账户的情况，消费者的决策可能是不同的。用公式可以很直观地表示出来：如果排除其他因素，行为生命周期理论的消费函数可表示为：

$C=f(I,A,F)$，且有 $1\approx\frac{\partial C}{\partial I}>\frac{\partial C}{\partial A}>\frac{\partial C}{\partial F}\approx 0$。

从公式可以看出，现期现金收入账户的边际消费倾向接近1，是最大的，表示其消费的吸引力最大，将此账户储蓄起来而不消费的心理成本也最大，自控作用最小；而未来收入账户则相反，因此其吸引力和储蓄心理成本最小，自控作用相应最大。因此，作为消费者个体在进行消费时，更多地会选择现期现金收入账户，而非现期资产账户或者未来收入账户。

在分析消费者行为时，心理账户理论更强调心理因素，将个体描述为“非理性的人”而非“理性的经济人”。利用心理账户理论，也可以很好地解释老年人在消费行为和消费观念方面所表现出的节俭、理智、谨慎的消费行为特征。

2.2.3　社会学理论

1. 后现代消费理论

20 世纪 60 年代开始，随着科技的发展，西方发达国家由以生产为主导的工业化社会逐渐进入以消费为主导的后现代社会，消费在社会文化和经济中的地位发生深刻的变化，消费行为、消费观念等都发生深刻的变化，后现代消费理论开始兴起并进入人们的视野。后现代消费理论秉承着后现代批判精神，从消费文化出发，对后现代社会的消费进行批判和反思。如鲍德里亚提出“消费社会”概念，将消费看作是一种符号化的行为，将社会看作是一个完全被物化的社会。

后现代消费理论认为，消费观念是根本，消费观念会影响消费行为和整个消费过程，因此，消费的变革从根本上讲需要转变消费观念。从历史发展脉络来看，人们的消费观念的形成和发展是一个去道德化过程：在资本主义发展初期，需要大量的资本和原始积累。因此，该阶段更看重生产，消费只是生存的手段，并不是生活方式，节俭、禁欲成为主流消费观，正如韦伯所说，节制、禁欲等新教伦理成为资本主义的精神。第二次工业革命使得西方进入工业社会，西方社会发生深刻变革。消费观念开始由节制消费变为鼓励消费，通过消费来刺激经济。第三次科技革命使得西方开始进入后现代社会。这一时期的典型特征是信息化，西方社会受到后现代思潮的影响，进入符号消费时代，获得商品的使用价值和所有权不再是人们进行消费的主要目的，更重要的是获取该物品的符号意义，是一种地位和品位的象征。从这个意义上说，消费是一种生活方式、符号和象征性消费。正如布迪厄所说，在后现代时期，人们的炫耀性消费也发生转向，更看重品位而非金钱。品位、地位消费成为新的社会区隔手段。

2. 集体记忆理论

集体记忆理论最早应用于社会心理学领域，集体记忆指一个群体，通

过群体的共同记忆,具有自己特定文化同一性和内聚性,这种群体通常可以是国家、民族、地域文化共同体或者社会群体等。集体记忆理论最早由哈布瓦赫(Maurice Halbwachs)提出,他反对心理学研究中只单纯看重个体而忽视群体的做法,认为个体记忆在很多情况下不能够很好地解释个体活动,个体之间的共同记忆,是一种社会事实即“集体记忆”。

集体记忆理论有两种研究范式:即建构主义和功能主义。建构主义认为,集体记忆是一种社会建构过程。美国社会学家诺维克认为,“记忆在现实中不断循环,不断制度化,是没有最终完结的,具有非历史性甚至是反历史性的特质”。功能主义则强调集体记忆的最重要功能就是社会整合,维持群体的完整和稳定。从实质上说,建构主义范式更强调集体记忆的因变量特点,而功能主义则更看重集体记忆的自变量身份。

认同是集体记忆实现的基础,集体记忆理论认为,个体在特定社会环境,经历相同的历史事件,与他人进行互动,形成认同,从而成为集体记忆。同时,个体生活在其中,个体会逐渐受到周围环境、时间的推移而被集体认同的意识所同化,通过进一步交流沟通,从而形成稳定的意识形态和价值观,使个体在群体中获得归属感。

集体记忆理论是世代研究的基础。世代是指一群人因为经历相同或相似的出生年代或者社会历史事件,特定的经验和思维模式限制下,使其具有相似的特征和行为模式。世代考虑的重点不仅是年龄,而且是出生年代和成长经历的差异。一个世代的人们不应只是年龄相近,更是对社会历史事件、流行文化等社会标记具有共同的经历和记忆。不同的个体由于经历过相似的出生年代、社会环境、经历过相同的历史事件,通过社会互动,形成集体记忆,同时随着时间的推移,个体记忆逐渐被集体认同的意识同化,形成共同的意识形态和价值取向,表现在消费领域,即表现为相似的消费行为和消费价值观。

3. 亚文化理论

亚文化是一种区别于主流文化的群体文化。在著名社会学家波普诺看来,"从广义上说,亚文化通常被定义为一个更为广泛的文化亚群体,这一群体形成一种既包括亚文化的某种特征,又包括一些其他群体所不包括的文化要素的生活方式"。(波普诺,2003)这种亚文化群体往往是非主流的,处于从属地位的其他群体。费似克认为,亚文化是总体文化中特殊的一个类型,与社会中的非主流群体处于的特殊地位相一致。

老年亚文化理论最早由美国学者 Rose 提出,其目的是揭示老年群体的共同特征。老年亚文化理论认为,若同一领域的成员的交流超过与其他领域成员的交往,即会形成一个亚文化群体。相同的背景,比如衰老、退休等或者相同的需求,比如精神需求、照料需求等都会促使老年群体之间关系的形成。在老年亚文化群体中,健康程度和活动能力等影响因素上升到第一位,而职业、教育程度等因素不如中年期重要。因此在老年亚文化群体中,老年人通过共同的行为、语言或者需求,找到归属感和认同感。老年亚文化群体理论对于分析老年群体通过消费进行认同与重构,获得群体认同感和归属感等方面具有重要的解释和借鉴作用。

2.3　本章小结

本章主要从文献和理论两个方面梳理了老年人消费行为和消费观念研究的研究基础:

文献研究方面,本章主要从老年消费市场、消费行为、消费价值观和市场细分四个方面进行梳理。通过分析发现,目前我国对于老年消费实证研究,尤其是老年消费行为的研究,多侧重于对老年产业的宏观探讨,而对老年心理、消费行为等微观层面的研究较少,特别对老年个体的微观层面缺乏深入细致的研究,仍存在深入研究的空间,主要体现在以下几方面:研究

视角上，忽视宏观与微观层面的结合；研究方法上，缺乏实证与理论结合分析；研究工具上，缺乏本土化的量表；研究内容上，忽视老年消费者内部和外部差异性分析；研究对象上，将消费者作为“使用者”而非“社会人”。因此，用实证方法从微观层面对老年消费行为和消费观念进行研究，对我国老年消费研究来说，既是有益探索，也是巨大挑战。

理论研究方面，本章主要从老龄理论、消费理论和社会学理论三个领域进行分析，主要借鉴了老龄理论中的年龄分层理论、活动理论、脱离理论和连续性理论；消费理论中的生命周期理论、行为生命周期理论和心理账户理论；社会学理论中的后现代消费理论、集体记忆理论和亚文化理论作为本研究的主要理论基础，用以分析和解释我国城市老年人消费行为和消费观念特点、差异性和原因。

总之，研究中国城市老年人消费行为和消费观念是一个非常复杂的现象，是“老年学”“消费者行为学”和“中国学”的交叉地带，其涉及社会、经济、文化、心理等多个层面和维度。由于不同学科在研究目的、研究视角和方法方面的侧重点是不同的，不同学科在进行研究时，往往会着重侧重于研究的某一个或者几个方面，因此造成任何学科都无法完整准确地解释这种复杂的现象。尤其在目前转型期的中国以生产为中心的经济形态和消费文化开始发展的社会形态共存的背景下，只有将各个学科更多的借鉴、沟通和整合，加强各学科理论和方法的交融和突破，才是未来中国城市老年人消费研究的必然趋势。

第 3 章

研究设计

3.1 研究对象

本文的主要研究对象是老年消费者。

关于老年人口门槛年龄的界定，最早从年龄结构来研究老年人是在 20 世纪初，从生育功能考虑，将老年人口标准定为 50 岁（王洵，刘毅强，2001）；1957 年，联合国出版第一本人口老龄化研究报告以 65 岁作为老年人的起点（邬沧萍，1999）；1982 年，联合国维也纳老龄问题世界大会上，将 60 岁作为老年人的起始年龄。在我国，原卫生部将 60 岁以上的人口称为老年人（应斌，2003）。

老年消费领域，有学者（Tongren，1988）通过回顾和总结老年消费行为研究的文献发现，不同研究对老年人年龄的界定存在不同标准，见表 3－1。

表 3-1 老年消费行为文献对老年人年龄的界定

年龄标准	文献数量
65 岁以上	7
65 岁	29
64 岁	3
60~62 岁	9
55 岁	11
49 岁	1
未设定年龄标准	7

一般来看,国外关于老年市场研究中对老年人年龄的划分方式通常有三种:一是将 50 岁及以上的人口定义为老年人(Chevalier,2003);二是将老年人定义为 55 岁及以上的人口(Bryck& Drinkwater,2002);三是将老年人定义为 65 岁及以上的老年人(Lunsford& Buenett,1992)。

年龄的本质属性是一种社会属性,因此,对年龄的界定本质上是一种社会界定(顾大男,2000)。在老年消费领域,虽然至今尚未对于老年消费者有严格的年龄界定标准,但一般上,55 岁通常被作为门槛年龄应用于消费者研究领域(Gwinner&Stephens,2001;Wei Sheng - Chung,2005)。因为退休作为个体老化过程中一个重要的人生经历,对老年人的生活习惯和消费行为都会产生重要而深远的影响。根据我国长期的退休政策"干部男 60 岁,女 55 岁;职工男 55 岁,女 50 岁",一般老年人 55 岁正在或者即将进入退休状态。

根据我国长期以来的法定退休年龄政策,同时结合西方老年消费行为研究范式,本研究将老年人界定为"年龄为 55 岁及以上的人口",并将其作为本研究的主要研究对象。

3.2　研究目标

为了全面反映当代城市老年人消费行为和消费观念特点，本研究设置了几个具体的研究目标，主要包括以下几个方面：

第一，构建适合中国国情的本土化老年人消费行为和消费观念测度量表，并对其信度和效度进行检验。

第二，利用实证方法，对老年人消费行为和消费观念的人口统计学影响因素进行分析，运用消费行为和消费观念量表，探讨男性和女性老年人在消费行为和消费观念各维度上的差异性；探讨不同年龄、不同学历水平、不同婚姻状况、不同工作状况、不同收入水平的老年人在消费行为和消费观念各维度上的差异性。

第三，对老年人消费行为和消费观念因子进行相关分析，揭示老年人消费行为和消费观念之间的关系。

第四，运用消费行为量表和消费观念量表对老年群体内部进行横向比较，探讨老年人在消费行为和消费观念方面的差异性，基于消费行为和消费观念，对老年群体进行市场细分。

第五，运用消费行为量表和消费观念量表对中国世代消费者进行纵向比较，探讨不同世代消费者在不同维度上的差异。

3.3　研究前提

1. 中国老年人的消费行为和消费价值观有别于西方

根据文献回顾，研究消费行为和消费价值观较为成熟的量表，比如 Rokeach 的 RVS 量表，Kahle 的 LOV 量表等，都是在研究西方消费者心理和行为基础上形成的。尽管经过检验，其中一些测项具有普遍意义，但由

于中国的文化传统和社会文化环境与西方有显著差异,在研究中国消费者,特别是中国城市老年消费者时,如果完全照搬,会不可避免地漏掉一些重要的维度。因此,本研究在构建老年人消费行为和消费观念量表时,一个前提假设是:中国老年人的消费行为和消费价值观有别于西方,因此需要综合考虑中西方的研究成果,并且结合实地访谈和观察资料,设计更有中国特色,符合实际情况的量表,使之成为更可信、有效的测量工具。

2. 老年人的消费价值观兼具中西方、传统和现代文化特色

当代的老年人是一个非常特殊的群体,他们成长于传统年代的中国,但又经历了改革开放以来经济的高速增长,中西方文化不断融合的社会背景,这种独特的中西兼具的消费环境造就了老年人独特的价值观系统。因此,老年消费者的价值系统是非常复杂的,既有中国传统,又兼具西方文化;既继承传统,又包含大量现代元素。基于此,本文在构建中国城市老年人消费行为和消费价值观量表时,一个前提假设是:老年人的消费价值观兼具中西方、传统和现代文化特色。

3.4 研究内容

基于研究目标,可以进一步明确本研究的具体研究内容:

1. 量表开发与检验

目前国内研究消费者消费行为和消费价值的研究工具大多是借助于西方成熟量表。这些量表主要是在西方文化和价值观层面上对消费者的研究基础上形成的,不能完全适用中国的特殊国情,也不适用于中国差异化较大的老年消费者群体研究。因此,要深入研究中国老年人的消费行为和消费观念,首先需要构建信度和效度较高的中国本土量表。具体步骤如下:

(1)回顾西方关于消费行为和消费价值观量表的理论基础和设计方法,有选择性地进行借鉴;

(2)从不同学科、不同角度对老年人消费行为和消费观念的研究成果进行梳理和回顾,选择合适的维度作为量表维度的来源之一;

(3)选取方便样本对老年人进行深入访谈,结合步骤(1)(2)的成果,形成老年人消费行为和消费观念量表初稿;

(4)通过德尔菲专家法对量表初稿进行评分,进一步删减和修改量表;

(5)将老年人消费行为量表和消费观念量表在小范围内进行问卷初测,修改语意不清和有歧义的测项;

(6)对量表进行纯化检验,进行大规模问卷调查,通过纯化、探索性因子分析、量表信度效度等方法,最终形成较为稳定的老年人消费行为和消费观念量表。

2. 因素分析

利用实证方法,对老年人消费行为和消费观念的人口统计学影响因素进行分析,运用消费行为和消费观念量表,探讨男性和女性老年人在消费行为和消费观念各维度上的差异性;探讨不同年龄组、不同学历、不同婚姻状况、不同工作状况、不同收入的老年人在消费行为和消费观念各维度上的差异性。

3. 相关分析

对老年人消费行为和消费观念因子进行相关分析,揭示老年人消费行为和消费观念之间的关系。

4. 内部分群研究

运用消费行为量表和消费观念量表对老年群体内部进行横向比较,根据老年消费行为和消费观念量表的因子值进行聚类分析,探讨老年人在消费行为和消费观念方面的差异性,基于消费行为和消费观念,对老年群体进行市场细分。

5. 世代比较研究

运用消费行为量表和消费观念量表对中国不同世代消费者进行纵向比较,采用单因素方差分析方法,探讨不同世代消费者在不同维度上的差异。

6. 城市老年人消费形态及对策研究

在以上研究结果的基础上,结合深入访谈和观察资料,总结和揭示我国城市老年人消费形态特征,并提出老年消费市场发展的总原则和针对性对策建议。

3.5 研究方法

中国城市老年人消费行为和观念研究是一个涉及社会、经济、文化等多方面和众多领域的研究选题,具有多维度多层次的特点。为保证研究的科学性和合理性,本文的主要研究方法如下:

第一,文献研究和调查研究相结合。在分析国内外老年消费行为和消费观念相关文献的基础上,结合深入访谈、问卷调查等形式,构建我国老年消费行为和消费观念量表,并利用调查数据对量表的信度效度进行检验。

第二,实证主义方法和阐释主义方法相结合。在量表检验、老年消费行为和消费观念特征和影响因素分析、市场细分和世代比较主要采用实证的方法。同时,结合阐释主义方法中的人类学研究方法,通过参与观察等形式,理解老年人不同消费行为和消费观念类型的文化、社会环境,分析差异性背后深层次的原因。

第三,定量分析与定性方法相结合。本文以定量研究方法为主,主要包括相关分析、单因素方差分析、因子分析和聚类分析等统计学方法等。同时,在对定量分析结果解释和政策分析等方面,辅之以适当的定性方法,包括观察法、个案访谈法、阐释主义方法等。

3.6 数据来源

本文的实证分析的数据主要来源如 下几方面:

1. 实地调查数据

本研究主要采用来自山东省烟台市的自行调查数据。其中,有效问卷739份,包括55岁及以上老年组问卷307份,54岁以下对照组问卷432份。

2. 中国养老与健康追踪调查(CHARLS 数据)

由北京大学中国社会科学调查中心主导的中国养老与调查追踪调查,主要研究对象为年龄在45岁及以上中老年人家庭和个人,是基于微观的高质量数据,其全国基线调查从2011年开始开展,样本约1万户家庭共1.7万调查对象,共覆盖全国150个县级市,450个村级单位。

3. 中国统计年鉴、中国人口统计年鉴等宏观数据。

3.7 研究思路

本文主要研究的是我国城市老年人消费行为和消费观念。需要讨论消费行为和消费观念之间的关系。在对两者关系的探讨上,本文利用吉登斯的结构化理论来理解。吉登斯认为,结构并不是外在于个人的,而是内在于人的活动,体现于各种实践活动之中的。在具体的消费过程中,消费观念往往不容易被人意识到,往往要通过消费行为体现出来,同时,消费行为和消费观念必须受到消费环境的制约。因此,我们讨论消费观念时,必须要结合消费环境和消费行为来综合分析。首先,要分析外在结构性因素,即消费环境对消费观念的影响;其次,消费观念必须通过外显的消费行为体现和验证;最后,消费观念和消费行为通过相互作用,又建构着新的消费环境。因此本研究遵循消费环境—消费行为—消费观念—消费环境的

整体研究思路。

具体研究思路如图 3－1 所示：

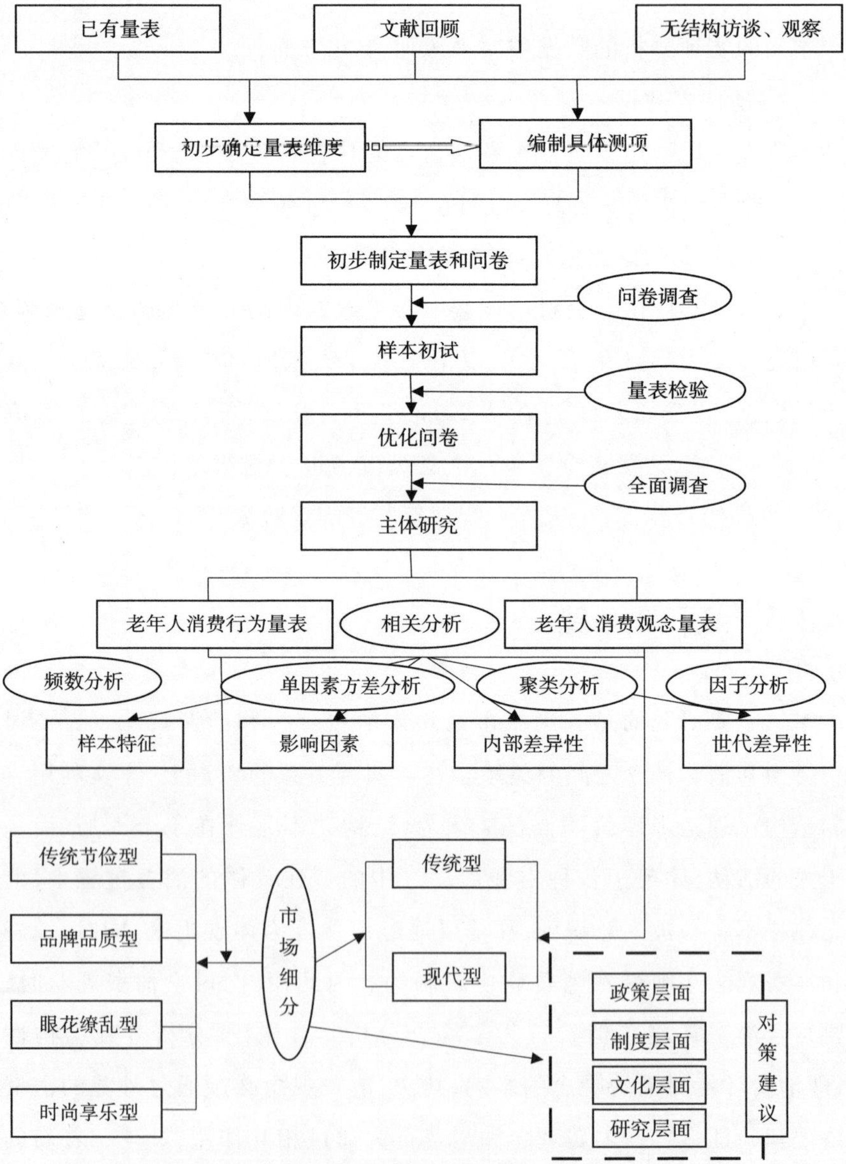

已有量表
文献回顾
无结构访谈、观察
初步确定量表维度
编制具体测项
初步制定量表和问卷
问卷调查
样本初试
量表检验
优化问卷
全面调查
主体研究
老年人消费行为量表
相关分析
老年人消费观念量表
频数分析
单因素方差分析
聚类分析
因子分析
样本特征
影响因素
内部差异性
世代差异性
传统节俭型
品牌品质型
眼花缭乱型
时尚享乐型
市场细分
传统型
现代型
政策层面
制度层面
文化层面
研究层面
对策建议

图 3－1 具体研究思路

3.8 概念界定

1. 消费行为

消费行为,也称作消费者行为。这里的消费者,既可以指个人,也可以指家庭或者社会群体。广义的消费行为指个人或者群体购买商品、获得服务的行为。如日本社会学家富永健一在《经济社会学》一书中指出,"消费行为是指个体或者家庭通过支出货币或者信用等形式,获取商品或服务时的一种方式"(富永健一,1984)。

本文认为,消费行为可以分为两个层面:第一个层面称作消费行为的物质层面,因为任何消费行为都是通过货币来购买产品或者获得服务的,这是消费行为的基础层面;第二个层面是消费行为的社会心理层面,主要是通过消费者具体的购物过程体现出来的。本文对消费行为的理解是将消费行为的物质层面和社会心理层面有机结合在一起。

此外,仅从经济学的角度来理解消费行为是远远不够的,更重要的是要从社会学角度来理解消费行为的象征或者符号作用。社会学认为,消费行为是一个个性和身份的建构手段(李丁,2006),消费的目的和过程不仅在于获得商品的使用价值和所有权,还在于一种象征价值,而获得各种情绪和体验。比如当代社会许多奢侈品消费本身并不是为了使用,而更多的是一种象征。

基于此,本文所界定的"消费行为"概念,具有以下特征:

第一,消费行为的目的不仅是获取效用最大化,也包括获得象征价值,是一种情感体验过程,其获取过程可能受多种主客观条件的制约。

第二,消费行为是动态变化的。不同消费个体,不同心理状态,不同时间,不同消费环境,不同产品都可能呈现出不同的消费行为。

第三,消费行为是一种互动过程。认知、态度、环境、情感都可能成为

影响消费行为的因素。同时,这些因素也并不是完全孤立的,也存在一种交互作用的关系。

2. 消费价值观

价值观是人们对价值问题的根本看法和处理价值问题时的观点、立场和看法。而消费作为一种有目的有意义的行为,支配消费行为的观念就成为消费价值观。从不同学科来研究消费价值观,有不同的定义。从经济学角度来看,消费价值观是消费者对于产品或者服务的评价;从社会学角度来看,消费价值观是人们对于消费问题的根本看法,是人们在处理消费价值问题时的看法和立场;从营销学角度来看,消费价值观是人们在购买商品时的偏好;从心理学角度来看,消费价值观是消费者从个体的消费需求出发,对消费方式、消费对象进行选择和评价的多维的心理系统。

根据本文的研究对象和研究目的,消费价值观是消费者从自身需求和购买力出发,对消费行为作出的选择和价值判断,是人们在处理消费价值问题的根本看法和立场。从根本上说,消费观念是一个时代主导意识形态的反映。

从外延来看,消费价值观主要分为三个层面:(1)意识形态层面,主要包括伦理道德关于消费的规定、生产和消费的关系、社会基本价值观取向;(2)消费心理层面,主要包括饮食、服饰、住房、通信、文化和闲暇等六个方面;(3)消费价值观层面,主要包括物质性消费、社会性消费、精神性消费和时间性消费四个方面。

从三者关系来看,消费意识形态方面位于金字塔最底层,是指社会上占主导地位的消费观念和消费必须要遵循的伦理道德;消费心理位于金字塔中间层,是个人消费行为的最直接动因,是消费者在消费过程中的心理活动,通常通过吃、穿、住、行、用许多比较具体的形式有所表现。在构成关系上,消费观位于金字塔最高层(图 3 - 2),即对消费行为的看法、选择和评价,由于个体生活经历、社会地位和生活环境的不同,人们对消费有不同的观点和态度,由此形成不同的消费观(黄世礼,1996)。

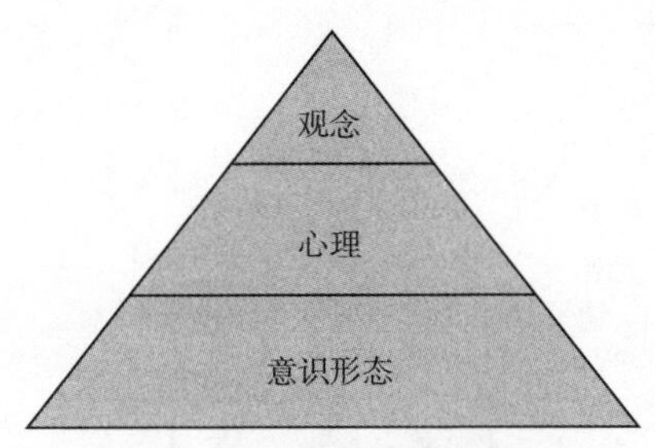

图3-2 消费价值观结构图

3. 世代

一般以年龄为标准,结合价值观、人口出生率等一些重大的社会事件来确定世代,主要指相同年龄段有相似社会经历的群体,它代表具有一定共性的一类消费群体。世代考虑的重点不仅是年龄,而是出生年代和成长经历的差异,一个世代的人们不应只是年龄相近,更是对社会历史事件、流行文化等社会标记具有共同的经历和记忆。

本研究对世代的定义为:世代是指一群人因为经历相同或相似的出生年代或者社会历史事件,特定的经验和思维模式限制下,使其具有相似的特征和行为模式。

第 4 章

老年消费行为和观念量表的构建

改革开放以来,我国生产力得到巨大的解放,经济发展迅速,中国社会面临着巨大的变革。同时,人口结构开始不断老化,我国进入老龄化快速发展的新阶段。在此种背景下,我国老年人的消费观念和行为受到多方面的影响。一方面,由于深受儒家传统价值观的影响,老年人的消费观念和行为表现出强烈的传统性;另一方面,在经济飞速发展,社会变迁不断加剧的年代,老年人开始受到现代西方文化价值观的影响。同时,伴随着老年人收入和经济状况的不断改善,越来越多的老年人开始寻求发展性消费,在消费观念和行为上又表现出不同于以往的差异性。可以说,当代的老年人消费观念和行为兼具传统性和现代性。这种复杂性使得我们在研究其消费观念和行为过程中不能一味照搬西方量表。因为西方量表纵然相对成熟,但基本都是依据西方消费者的行为特点和方式构建的,不可能完全适用于中国。如果完全照搬,会造成测量偏差和结果的不准确。因此,必须在此基础上进行本土化修正,特别根据我国老年人的特点和具体情况,构建适合中国特色的老年人消费行为和观念量表。

本章将焦点主要放在老年人消费行为和消费观念研究的方法论问题上。主要包括问卷设计中量表的设计和构建、预调查实施和修改、量表的检验,进而确定正式调查问卷。旨在将西方老年消费行为和观念的方法和工具与中国本土特色进行对接和契合,有助于推动我国老年消费行为研究由感性向理性飞跃。

4.1　量表编制的通用原则和方法

量表是社会科学研究中非常重要的测量工具,它是一种用来确定主观的,或者抽象的概念使之定量化的程序。它根据事物或者概念的特性,将全部陈述按照一定的顺序,以反映出测量的概念不同的程序。可以说,量表是度量被访者主观特性的一种手段和工具。

根据不同的用途,量表可分为直接量表和间接量表两种方法。直接量表是由调查者设计并询问被调查者,由被调查者根据自己态度倾向直接填写;间接量表由被调查者根据其自身态度倾向,在大量的备选项目或陈述中选出适合的代表其态度。根据表达形式的不同,量表可分为语义判别量表和陈述句量表。一般来讲,消费者行为和观念的研究多采用陈述句量表。

在量表的具体编制上,有学者提出如下方面(风笑天,2001):

第一,寻找和利用前人已有研究所用的指标。前人的研究一般都会经过多次运用、检验和修改。因此,对我们来说,借鉴前人研究的指标是一个很好的方法,有利于知识体系的积累和形成。但需要注意的是指标和方法的适用性问题,前人的研究不一定完全适用于自己的方法。因此,要针对自己的研究做适当的修改和完善。

第二,研究者可事先进行探索性研究。比如,可采用实地调查、深入访谈等形式,进行资料收集工作,从被调查者的角度来了解其想法、态度,对

后面构建指标有很大的帮助。

关于量表指标的寻找和编制,也有的学者给出了较为精练的答案,提出测项发展的方法主要有三种:第一,根据以往学者的研究;第二,根据相关概念和文献;第三,根据专家或者被调查者的访谈归纳而来(Anderson,1988)。

Devillis(2004)总结出一套编制量表的步骤。第一步,准确定位测量的内容;第二步:建立一个题项库;第三步:定量表模式;第四步:评审题项库;第五步,讨论题项;第六步,试测;第七步:求题项值;第八步:优化量表。

本文关于老年人消费行为和消费观念的量表维度主要来源于以下几种途径:(1)已有相关文献;(2)非结构访谈和观察;(3)德尔菲专家法。

本文在构建量表方面遵循 Churchill(1979)的研究思路,即第一步,将概念的变量进行具体操作化,根据特征进行分析归类,本研究涉及的概念是老年消费行为和消费观念,在本文第三章已经进行相关研究;第二步,创建量表指标的具体表述;第三步,收集数据,根据试调查结果修改和剔除不恰当指标;第四步,测度精练,通过具体精练步骤最终确定量表的具体指标;第五步,收集数据;第六步,量表可行性评估;第七步,量表有效性评估;第八步即最后一步,确定最终量表,提出普遍性规范。具体可见图 4-1。

4.2 量表初稿的编制

本文在第二章回顾了已有研究中关于消费行为和消费观念的相关研究。从中可以看出,专家和学者对消费行为和消费观念的维度有不同的见解和主张。虽然目前学术界还没有提炼出能够较为全面概括我国老年消费行为和消费观念维度的理论体系,但是已有研究仍为构建我国老年消费行为和消费观念维度提供了理论指导。

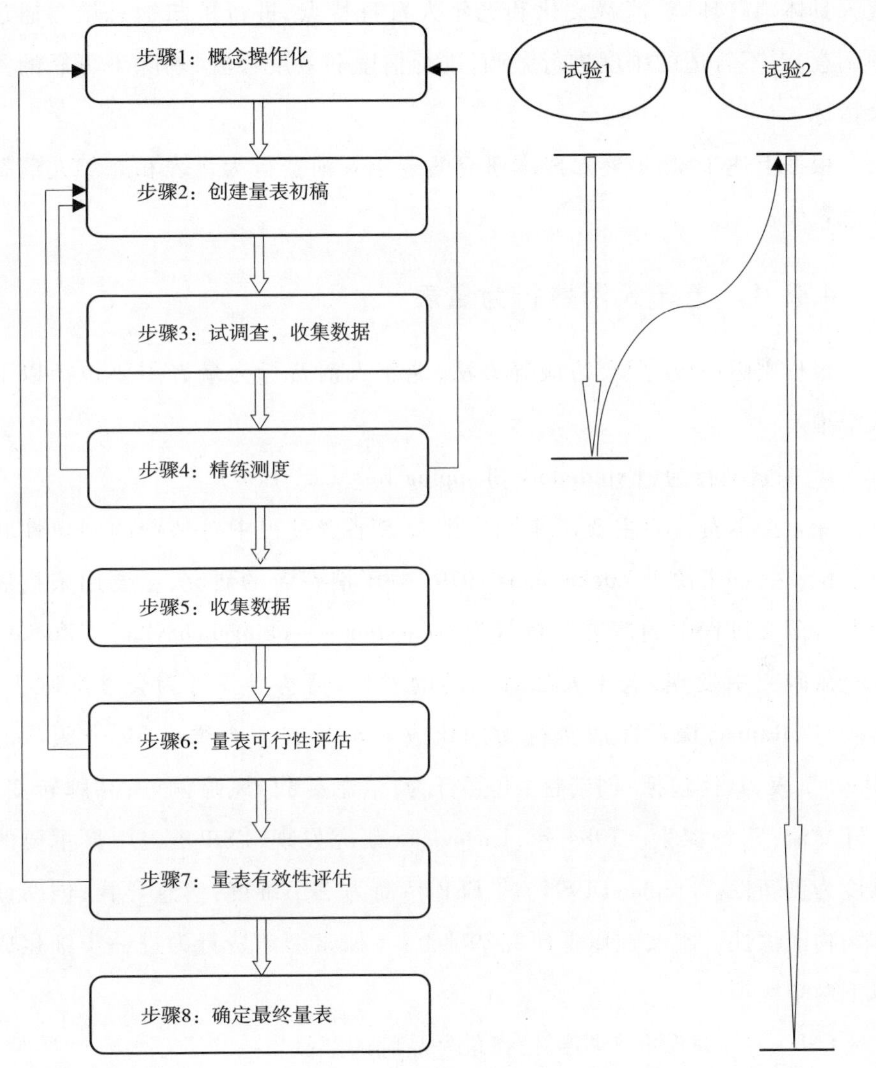

图 4-1　量表构建过程

为了确保量表测量的准确性，本研究采取文献归纳法，借鉴国内外学者已有研究，同时结合本研究内容，初步总结了我国老年消费行为和消费观念维度。在构建量表过程中，以西方已有的成熟量表为基础，同时，结合

我国具体消费环境、消费文化和老年人自身特点,进行了归纳总结。通过预调查,对不合适的维度进行微调,进行信度和效度检验,剔除不可靠的测量指标。

根据上述步骤,最终形成本研究的老年人消费行为量表和老年人消费观念量表。

4.2.1 老年人消费行为量表

根据文献研究、深入访谈等方法,老年人消费行为量表主要包括以下八个维度:

1. 探索型行为(Exploratory Shopping Behavor, ESB)

探索型消费行为主要用来测度消费者消费过程中对消费的创新性和重复性。这词来源于 Zuckerman(1979)关于消费者的研究,主要用来描述消费者消费过程中的情感寻找行为(sensation - seeking behavior)。Zuckerman 在研究中发现,老年人随着年龄的增长,情感寻找行为会逐渐减少。1980 年,Raju 将探索性消费行为细化成一个具有 7 个维度 39 个题项的 Likert 量表,具体包括:创新性;重复行为;信息寻找;风险偏好;品牌转变;人际交流;购物探索。1984 年,Lastovicka 研究发现,ESB 量表中最主要的维度为创新性。Stephes(1991)将 ESB 精简为三个维度:信息寻找;创新性和购物谨慎性。本文在以上研究基础上,将探索型消费行为进一步细化成以下两个题项:

ESB - Q1:我倾向于购买销售最好品牌的产品。

ESB - Q2:我常常会改变我购买的品牌。

2. 自愿节俭行为(Voluntary Simplicity Scales,VSS)

“自愿节俭”一词最早由 Richard Gregg(1936)提出,指作为个体的消费者提倡尽量少消费或者只是在需要时才消费,反对过度消费。有学者通过研究发现,自愿节俭是消费者市场中一个较为特殊的群体类型(Mitchell,

1980)。已有研究表明:节俭是老年人消费行为的显著特点之一。Shama(1981)通过研究发现,自愿节俭的消费者具有以下特点:尽量少消费、对价格较为敏感、偏爱小型市场、消费时会为省钱花费较多时间。Leonard Barton(1981)通过研究发现,自愿节俭与年龄呈负相关关系,与教育程度呈正相关关系,但与收入水平无关。自愿节俭是一种生活方式,在西方,也有相关研究成果,如Leonard Barton(1981)构建了一个由18个题项组成的多元量表"自愿节俭量表"。Price和Ridgway(1983)在研究中也使用了"使用创新(use innovativeness)"量表中的"自愿节俭维度"。本研究根据已有研究和中国特有的消费环境,将其分为两个题项:

VSS－Q1:为了省钱,我会花时间选购商品。

VSS－Q2:我经常会选择打折商品。

3. 价格感知行为(Price Perception Scales,PPS)

价格感知行为于20世纪90年代提出,是指消费者对商品价格的感知程度。从本质上看,价格感知行为对感知付出和感知利益之间的一种比较权衡,即通过对效用与成本间的比较作出消费决策。这个过程是主观的,即完全根据消费者自己感受到的价格进行决策。Lichtenstein(1993)开发了价格感知量表。在其研究中,他从不同视角对消费者对价格感知概念做了界定,本研究主要选取了其中的两个题项:

PPS－Q1:我会仔细寻找符合金钱价值的产品。

PPS－Q2:我会努力去选购高质量的产品。

4. 品牌忠诚行为(Brand Loyal Scales,BLS)

品牌忠诚行为主要指消费者在购买决策中,多次表现出来的对某个品牌具有偏向性的消费行为。根据消费者行为理论,品牌忠诚行为按照程度的强弱,可以分为四个层次,即习惯消费、满意消费、情感消费和忠诚消费。习惯消费是指消费者有固定的消费习惯和偏好,重于某一或某几种品牌;满意消费是指消费者对其消费的品牌表现满意,如果进行品牌转换可能会

产生风险忧虑;情感消费指消费者对品牌产生情感和爱,将该品牌作为其情感和心灵的寄托;忠诚消费是品牌忠诚行为的最高境界,是指消费者不仅仅是对该品牌产生情感,甚至会引以为傲。Lunsford 和 Burnett 通过研究发现:消费价值观是影响消费者行为的重要因素,是消费者在人生中塑造而成的,消费者行为是价值观的产物。节俭、忠诚是老年消费者身上特有的标记,影响着老年人的消费行为。Kendall(1990)开发了消费者购物风格决策量表,提出了"品牌忠诚行为"量表。品牌忠诚行为量表由四个 Likert 量表构成,本研究选取其中两个题项:

BLS－Q1:自己喜欢的品牌,我一买再买。

BLS－Q2:我喜欢到我熟悉的商店去购物。

5. 流行时尚行为(Popular Fashion Scales,PFS)

Wilkes(1992)通过总结前人研究,提出了消费者"流行时尚行为"量表,认为流行时尚是"对时尚的兴趣或者反应"。有研究表明,某些老年女性会展现出较高的社会参与和对流行时尚的关注,半数以上的老年女性感觉自己具有时尚的兴趣,会去时尚女性专卖店购物(Martin,1976)。Reynolds(1977)通过研究发现,老年女性消费者对自我形象非常关注。随着年龄的增长,老年男性对流行时尚的兴趣不断下降,而老年女性却依旧呈现较强的兴趣(the Center for Mature Consumer Studies,1989)。在实地调查也发现,随着生活水平的提高,越来越多的老年人,尤其是老年女性开始追求时尚流行,关注衣着装扮。本研究借鉴了其中两个题项:

PFS－Q1:流行的、有吸引力的风格是非常重要的。

PFS－Q2:我通常拥有流行的商品。

6. 消费谨慎性行为(Cautious Shopping Scales,CSS)

购物的谨慎性指消费者在购物过程中尝试新产品的态度,以及是否容易做出品牌转换决策的倾向。通常表现为是否冲动,购物结束后后悔与否等。已有研究表明,老年消费者会表现出一定的谨慎性,即在确信边际收益大于感知成本的前提下，才可能开始尝试新产品（Moschis，1994）。实地调查发现，与老年消费者相比，年轻人更容易出现冲动性消费。根据 Moschis（1994）的研究，本文设置两个相关题项：

CSS - Q1：购买产品时，我常常表现得很冲动。

CSS - Q2：我在粗心购买之后，我常后悔。

7. 享受型行为（Enjoy Shopping Scales，ESS）

享受型消费的目的是满足消费者的享受需要而产生的消费，比如消费奢侈品、高档商品、休闲娱乐用品和一些精神文化产品等。它建立在生存型消费基础之上，是一种较高层次的消费形式。享受型消费行为可以分为广义的享受型消费和狭义的享受型消费两个层面。广义的享受型消费既包括物质的，又包括精神的；狭义的享受型消费具体指休闲、娱乐、旅游以及文化消费。一般来说，享受型消费是以注重物质生活享受为主要目的的消费类型，这种类型的消费者一般都具有一定的社会地位或"经济实力"。Allison（1978）曾就消费者消费过程中的享受和疏离心理做过相关研究，并提出消费者心理量表。本研究将题项设置为：

ESS - Q1：在生活中，购物逛街时一种很享受的事。

ESS - Q2：我会使购物逛街的时间尽可能长。

8. 信息搜寻行为（Information Seeking Scales，ISS）

信息搜寻行为是消费者通过何种渠道收集相关产品信息的行为和倾向。Stephens（1991）研究发现：随着年龄的增长，消费者在消费过程中的信息搜寻行为会日渐减少，老年人达到最低。Reynolds 和 Darden（1971）也有相关研究。本研究根据已有研究，设置两个相关题项：

ISS - Q1：有许多品牌供我选择时，我感到很困扰。

ISS - Q2：家人、朋友、同事会影响我在产品上的选择。

基于此，我国老年消费行为量表维度和测项初稿如表 4 - 1 所示：

表4-1 老年消费行为量表维度和题项来源

维度	测项	来源
探索型行为(ESB)	ESB-Q1:我倾向于购买销售最好品牌的产品。	Raju(1980)
	ESB-Q2:我常常会改变我购买的品牌。	
自愿节俭行为(VSS)	VSS-Q1:为了省钱,我会花时间选购商品。	Price 和 Ridgway(1983)
	VSS-Q2:我经常会选择打折商品。	
价格感知行为(PPS)	PPS-Q1:我会仔细寻找符合金钱价值的产品。	Lichtenstein(1993)
	PPS-Q2:我会努力去选购高质量的产品。	
品牌忠诚行为(BLS)	BLS-Q1:自己喜欢的品牌,我一买再买。	Kendall(1990)
	BLS-Q2:我喜欢到我熟悉的商店去购物。	
流行时尚行为(PFS)	PFS-Q1:流行的、有吸引力的风格是非常重要的。	Wilkes(1992)
	PFS-Q2:我通常拥有流行的商品。	
消费谨慎性行为(CSS)	CSS-Q1:购买产品时,我常常表现得很冲动。	Moschis(1994)
	CSS-Q2:我在粗心购买之后,我常后悔。	
享受型行为(ESS)	ESS-Q1:在生活中,购物逛街时一种很享受的事。	Allison(1978)
	ESS-Q2:我会使购物逛街的时间尽可能长。	
信息搜寻行为(ISS)	ISS-Q1:有许多品牌供我选择时,我感到很困扰。	Stephens(1991)
	ISS-Q2:家人、朋友、同事会影响我在产品上的选择。	

4.2.2 老年人消费价值观量表

消费价值观是人们对消费水平、消费方式等问题的总的态度和根本看法。作为一种观念,消费观和生产观、分配观一样,是社会经济现实在人们头脑中的反映。它来源于社会,一旦形成又会反作用于社会,并对其产生重大而深刻的影响。由于不同的消费者生活经历、生活环境、社会地位的不同,他们的消费价值观也不尽相同。老年人作为一个特殊的年龄群体,与其他群体相比,由于其社会经验、人生经历有巨大的差异,其消费价值观也会呈现出较大的差异性。对其消费价值观进行研究,有助于全面系统研究老年人的消费行为特点和原因。

根据已有研究文献、无结构访谈和观察,本研究将消费价值观维度的确定主要基于以下几种考虑:第一,已有文献提及,这里借鉴了郑红娥(2006)《社会转型和消费革命——中国城市消费观念的变迁》一书中关于消费观的相关维度和测项;第二,具有中国特色;第三,在无结构访谈和观察中被提及。据此,可将消费观念分为以下几种类型:第一,传统消费观念,主要基于中国长期以来形成的、传统的消费观念,比如节俭、知足常乐、讲面子等;第二,中国特色的现代消费观念,既有中国特色,同时又是伴随着中国改革开放以来,社会不断发展的产物,比如讲究生活品质、追求个性、健康生活等;第三,西方消费观念,比如享受生活、追求物质、超前消费等(郑红娥,2006)。

基于以上分析,本研究将消费价值观初步确定为以下六种类型:

1. 节俭消费观(Ecnomical View Scales,EVS)

节俭消费观以节俭为核心,主要指消费者购买活动一切以实用的准则出发。这种消费观在中国非常普遍,广泛存在于我国各类社会群体中。从本质上说,节俭消费观起源于物资匮乏时代的小农经济,崇尚节俭是匮乏经济的观念反映,成为农耕社会消费习俗的核心价值传扬至今。同时,除了传统文化因素之外,节俭消费观的形成还与个体"超我"的自控机制有关。弗洛伊德认为,人格由本我、自我、超我三个部分组成。本我要求满足自我欲望,而最高层次的超我则是要求控制欲望,自我是两者的中间,起到调和的作用。这三者相互作用,使得个体"计划者"与"行动者"相互博弈。雷定安曾在其《论三种消费观》文章中提道:"到目前为止,人类社会发展历史上存在三种消费观,即节俭消费观、奢侈消费观和马克思主义合理消费观。"(雷定安等,1996)

案例描述:张某,女,61岁,企业退休职工

“我一般很少出去买东西,如果要买也是因为必须才买,衣服一般去门口的市场,只要衣服穿不烂,就不会买新的。家里的东西也这样,如果坏了,就找人修修,能用接着用。我买东西主要看是不是实用,那些流行好看的不太看重。我觉得勤俭节约的老传统应该发扬,钱都是来之不易的,全花光了不好。”

上述案例的张某是某企业退休职工,有退休金,但谈及消费仍持节俭态度,一般仅停留在生存型消费层面,很少涉及享受型和发展型层面。基于此,本研究将节俭消费观维度确定为以下两个题项:

EVS - Q1:无论有钱没钱,生活都要节俭。

EVS - Q2:实用比流行更重要。

2. 大众消费观(Popular View Scales,PVS)

大众消费观是一种中国传统消费观,主要指消费者消费时遵循普遍的原则,凡事喜欢随大流,在行为上顺应和服从群体多数和周围环境。同时认为过日子要长远打算,不提倡过度消费、提前消费。

大众消费观实际上反映出消费者在作出消费决策时的从众心理,在进行消费决策时,往往会因为信息沟通不顺畅或者对自己判断缺乏自信而借助于群体其他成员的态度和行为作为自己消费的参照标准,顺应和服从群体多数,从而获得心理上的安全感和归属感。从实质上讲,大众消费观与农耕社会生产力相对落后,物资较为匮乏,消费者个性化需求无法得到全部满足相联系。此外,实地调查发现,老年人由于消费意识、风险意识相对比较薄弱、信息沟通不畅等因素也限制了其对消费决策作出有效准确的判断,因此也成为大众消费观在老年消费群体中普遍流行的重要原因。

案例描述:王某,男,69 岁,企业退休职工

“我觉得过日子就得以吃穿为主,但对吃穿住都没什么讲究,都比较大众化,吃的一般荤素搭配,穿的只要干净整洁,不讲究美丑。买东西需要就去商场买,一般都问问人家买什么,大家都买我就买,大家都买的应该就是好的,只要价格能接受,我就不后悔。”

案例描述：程某，女，58岁，无业

"我不赞成借债。我儿子现在正在贷款买房，贷了不少钱。我不赞成他贷，想帮他四处借能不能凑够。但他说现在年轻人都是贷款买房，用明天的钱过今天的日子，我就不太理解。"

王某在谈及消费原则时，经常提到"大众化"，在他看来，大众化的消费观是适合他的，因为一方面大家都一样，不怕没面子或是炫富，另一方面也比较安全，不会被人盯上。程某是事业单位退休人员，在谈及儿子贷款买房时也表示出不理解。大众化的消费观广泛存在于中国社会。据此，本研究确定以下两个相关题项：

PVS - Q1：过日子要长远打算，不能借债度日。

PVS - Q2：过日子要以吃穿为主，以温饱为原则。

3. 现代消费观（Modernized View Scales，MVS）

现代消费观是在改革开放以来，尤其是社会转型过程中产生的一种消费观。主要表现为消费者开始懂得享受，敢于过度消费和提前消费。现代消费观的理论基础来自后现代消费理论后现代消费理论认为，消费是一种满足生存或者享受为目的的"生理性消费"，同时更是一种表"象征性消费"。凡勃伦（1899）认为："人们对商品的消费不仅仅是对其产品本身，更重要的是消费其象征意义，表现的是一种与金钱或者经济资本相关联的社会地位和荣耀。"法国社会学家布迪厄用"惯习""场域""文化资本""品位"来分析消费行为。他认为，消费是一种形成区隔的手段，不同的品位形成不同的消费模式，而品位的差异主要来源于个人的经济资本和文化资本的差异。惯习通过消费体现为品位，从而影响消费行为和观念。同时，在不同的场域中，个人的消费行为和消费观念也会呈现不同的差异性。

在当前，现代消费观逐渐成为社会的主流消费观。苟志效在书中曾提出："心理健康的社会，应该是看重社会经济利益的，只有鼓励社会全体成员都能够勇敢追求自己的正当利益，社会才能进步，个人才能全面发展。

相反,如果一个社会总是压抑社会成员对自身利益的追求,将货币当作洪水猛兽,这个社会一定是不正常的(苟志效,2003)。”在社会转型期,我国消费者的消费观呈现出一种传统与现代,本土与西方观念并存的局面。

案例描述:李某,男,55 岁,私营业主

“我买东西比较随意,一般 3 ~5 个月买一次,看到合适的立刻就买。我觉得性格决定命运。我买东西讲究少而精,像衣服一般买至少 2000 元的,主要看牌子和款式,价格倒是其次。表要么不戴,要戴也得戴上万元的,不然在生意场上,会被别人笑话。一个人的实力和品位要通过衣着来体现。我支出的很大一块的招待费用,一个月也得有几万元。我喜欢在人际方面投资,投入大才能有产出。”

现代消费观是现代商品经济社会的产物,案例中的李某在访谈中表示出对“面子”“档次”的看重,为了突显和实现自身存在的价值,不得不借助高档消费来包装自己。据此,本研究将其题项确定为:

MVS - Q1:穿不同档次的衣服表明不同身份和地位。

MVS - Q2:人应该讲面子,在人际交往中要舍得花钱。

MVS - Q3:花明天的钱圆今天的梦。

MVS - Q4:能挣钱会花钱才是现代人的生活方式。

4. 利他主义(后代)消费观(Altruistic Descendant Scales,ADS)

利他主义是人的一种天性,其作为学术术语出现最早源自社会学家孔德,他利用“利他”一词来表示一个人对他人的无私行为。利他主义与进化论、社会学习论、社会道德准则理论、道德认知发展理论等多个理论取向有关。有学者根据 Kohlberg 的道德认知发展理论,提出了利他主义的七阶段理论,即(1)自我中心;(2)互惠性的利他行为;(3)首属群体的利他行为;(4)规范性利他行为;(5)实用性的利他行为;(6)自然的利他行为;(7)圣人式的利他行为。这七个阶段与个人道德认知发展水平相对应(马庆强,1993)。本文所指的“利他主义消费观”主要指顾及他人的利益而将其放在个人利益之上的消费观念。已有研究表明,利他主义消费观是一种以年龄为基础的结构性消费观,主要体现在老年人群体(Wolfe,1994;Moschis,1994),主要表现为对后代的关心和培养。在西方,父母抚养子女至18岁独立,便已完成其责任和义务。但在中国,由于家族观念,独立的年龄被无限延长,尤其是"4-2-1"家庭模式越来越多,独生子女成为父母之后,很多将责任推给其父母,"隔辈亲"的情结致使祖父母往往成为孙辈的潜在经济主要资助者。李骢华在《中国:消费者革命》一书中提出:"渴望长寿和尊老爱幼是中国文化的特征,生命的延续不仅指的是延长人的寿命,还意味着一种能深深感受到的祖先与后代的一种联系。"大多中国人将后代视为自己和家庭生命的延续,在后代未成家立业之前,对其自身发展和教育往往非常重视。

案例描述:田某,女,65岁,政府退休干部

"我和老伴、孙子一起住,儿子儿媳周末过来。家里平时花销不多,主要都是花在孩子身上。在吃的方面,以孙子为主,孙子喜欢吃什么,我就给他买什么。平时也给他买买喜欢的玩具,前几天又报了学习班,一次性交了5 000多元,小时候上早教班也小几万元。我认为孩子的花销不能省,尽量买好的给他,毕竟就这么一个孙子,我们年轻时条件有限,没有机会能接受好的教育,所以孩子身上钱不能省。"

访谈对象田某的心理实际上代表了许多中国家庭的现实情况,祖辈父辈没有条件接受好的教育,因此将全部希望寄托在孩子身上,努力为孩子营造良好的生活和学习环境,将孩子作为家庭中最主要的投资对象。这实际是一种利他主义价值观的体现。本文根据以往研究,将利他主义价值观设置为两个题项:

ADS-Q1:只要为孩子好,花多少钱都值得。

ADS-Q2:一切优先为了孩子考虑。

5. 成就消费观(Achieving View Scales,AVS)

这种消费观倡导消费的目的不应只为享受,而应该将消费投入到无限

的工作中,在其中获得乐趣和享受。这种价值观认为人要舍得在工作上投入大量的时间、精力和财力,应当将工作放在重要的位置,人生活的主要目的是应当从工作中获得乐趣和成就。张永杰在《第四代人》一书中曾写道:"在中国,事业上是否有追求是评价个人出息与否的最高标准。"在本文的研究中,消费不仅停留在物质和服务层面,而是应当同生产一样,是一种自我完善、自我实现价值的活动。在成就消费观看来,工作不仅仅是维持生活的一种手段,而是人生命的一部分。

案例描述:张某,男,62 岁,退休返聘教师

"我是退休返聘的老师,平时工作很忙,一星期七天至少六天都在学校。其实好多人都劝我,说我岁数这么大了,没必要那么拼命,但我不认可他们的说法。我认为对我来说,工作是很重要的,尤其是跟学生在一起,我很快乐,心态也很年轻。如果没有工作,人生其实没什么乐趣。其实我也可以像别人一样退休后钓钓鱼、下下棋,但我就是闲不住。我平时工作比较忙,逛街买东西的时间比较少,觉得逛街比较浪费时间,偶尔几次出去也都是直接去商场,看好了就买,不会逛很久。我现在平时还自学英语,虽然岁数大了,记性不好,但每学习一点新东西还是挺有成就感的。"

案例中的张某作为已退休返聘的教师,实际上完全可以赋闲在家享受天伦之乐,但这并不是他想要的生活。他认为现代社会是学习型的社会,要想跟上年轻人的节奏,就必须不断学习充实自己,如果人停滞不前,生活就失去了意义。这是典型的成就型价值观的体现。根据上述案例,本研究将成就型消费观的题项设置为:

AVS - Q1:人活着的目的主要在于从工作中获得乐趣和成就。

AVS - Q2:没有工作的压力,人就会停止不前。

6. 发展消费观(Developmental View Scales,DVS)

发展消费观是一种全新的消费观。主要表现在强调发展,人要不断发展和完善自己,要不断努力适应时代的变化。现在是信息社会,社会迫切

需要各种学习型人才,需要能够具有良好的素质和学习能力,能够根据时代发展,随时适应社会变化的知识型人才。李骢华在《中国:消费者革命》一书中写道:“以学识来界定一个人的地位,是唯一对所有中国人都开放的衡量标准,不管其生活背景与环境如何。”在被调查的老年人中,也有部分持发展消费观的老年人。他们大多接受过较高的教育,年轻时做过单位的领导或者工作上有一定的成就,有较为开阔的眼界,注重生活品质,对精神生活比较看重。

案例描述:李某,女,61岁,事业单位退休职工

“我买东西比较讲究质量,贵点没关系,比如家里的电器,一般都买品质有保证的大品牌。吃的东西都去超市买,蔬菜会买有机绿色的。年轻时总是拼命工作,老了身体不好才发现健康最重要。不过我心态比较好,人要知足才能常乐。”

案例描述:王某,女,50岁,无业

“我老伴在单位当领导,我一直在家,年轻时照顾孩子,照顾公婆。现在孩子大了已经工作成家了,我现在没什么心事,平时有空就去小区广场学学舞,唱唱歌,还参加了社区的老年模特队。我觉得人嘛,活一辈子不容易,现在有时间可以多学点自己喜欢的,尤其我们岁数大了,子女过得也挺好,没必要像年轻时那么节俭,想吃就吃,想玩就玩。我现在每年跟老伴出去旅游,前段时间刚去了台湾,以后只要身体好,就坚持下去。”

案例中的李某和王某的价值观在现代社会有一定的代表性。他们虽然已经进入老年,但心态上仍然保持年轻,注重生活品质,对精神生活尤为看重。这也是当今社会极力推崇的老年人应当积极参与社会,“老有所为”的重要体现。据此,本题项主要设置为:

DVS－Q1:对消费品的购买不在于数量多,而在于品质精。

DVS－Q2:健康是我生活的首要目标。

DVS－Q3:人要知足常乐。

DVS－Q4：花钱省时间是值得的。

DVS－Q5：人应该不断发展和完善自己。

DVS－Q6：过分节俭没必要，衣食住行要跟上时代。

DVS－Q7：丰富的精神生活和物质生活一样重要。

基于以上分析，我国老年消费观念量表维度和测项初稿如表 4－2 所示：

表 4－2　老年消费观念量表维度和题项来源

维度	测项	理论基础/来源
节俭消费观（EVS）	EVS－Q1：无论有钱没钱，生活都要节俭。 EVS－Q2：实用比流行更重要。	中国传统价值观/弗洛伊德"超我"论/实地调查
大众消费观（PVS）	PVS－Q1：过日子要长远打算，不能借债度日。 PVS－Q2 过日子要以吃穿为主，以温饱为准则。	中国传统价值观/实地调查
现代消费观（MVS）	MVS－Q1：穿不同档次的衣服表明不同的身份和地位。 MVS－Q2：人应该讲面子，在人际交往中要舍得花钱。 MVS－Q3：花明天的钱圆今天的梦。 MVS－Q4：能挣钱会花才是现代人的生活方式。	后现代消费理论/实地调查
利他主义消费观（ADS）	ADS－Q1：只要为孩子好，花多少钱都值得。 ADS－Q2：一切优先为了孩子考虑。	Kohlberg 的道德认知发展理论/实地调查
成就消费观（AVS）	AVS－Q1：人活着的目的主要在于从工作中获得乐趣和成就。 AVS－Q2：没有工作的压力，人就会停止不前。	现代消费理论/实地调查
发展消费观（DVS）	DVS－Q1：对消费品购买不在于数量多，而在于品质精。 DVS－Q2：健康是我生活的首要目标。 DVS－Q3：人要知足常乐。 DVS－Q4：花钱省时间是值得的。 DVS－Q5：人应该不断发展和完善自己。 DVS－Q6：过分节俭没必要，衣食住行要跟上时代。 DVS－Q7：丰富的精神生活和物质生活一样重要。	现代消费理论/实地调查

值得指出的是,在现实社会中,以上六种消费观并不是互相排斥,而是同时并存,互相影响的。在同一个人身上,可能同时出现一种或者几种不同的消费观。随着社会的转型和发展,在个体消费观念中,既可能体现出传统的一面,也可能有现代的一面;既会出现本土的一面,也可能有西化的一面。尤其是体现在当今老年人身上,他们大多年轻时深受传统观念的影响,现在又受到西方现代思想的冲击,表现得尤为明显。

4.2.3　量表的实施步骤

此外,在量表的具体设计过程中,本研究将遵循 Devillis(2004)总结的量表编制和实施程序,将按照以下步骤进行:

第一,对国内外现有研究成果进行回顾、总结和翻译,对已有量表的语句翻译进行反复推敲,为每个题项找到恰当的表述。同时,在考虑到本土文化因素的前提下,对量表表述进行适当微调和修改,尽量减少语意损失。为避免老年被调查者的理解困难,对原尺度不同的李克特量表进行 5 点制形式的统一,即 1 完全赞成,2 比较赞成,3 说不清,4 不赞成,5 非常不赞成。为了尽量避免响应效应,对量表中的部分题项进行反向措辞处理。

第二,通过实地调查和深度访谈,对不同年龄阶段,尤其是老年人的消费行为和消费观念进行广泛了解,将调查和访谈资料进行归纳总结,据此对现有量表的语句表述进行补充完善。

第三,运用德尔菲专家法,参照相关专家的建议,对量表中一些语意表述存在问题的指标进行剔除和修改。

第四,进行预调查,将编制好的调查问卷在社区内进行小规模预调查。评估问卷语句表达的准确性,问卷长度和合理性等问题,将调查中出现的问题进行修改。若出现两个或两个以上的被调查者对同一个问题存在异议,即进行修改删除;若半数以上被调查者对某个问题均选择相同答案,则对这个问题答案选项的包含性进行进一步验证。

第五，根据试调查结果，对量表进行信度和效度检验，剔除不适当指标，确定最终量表。

4.3 量表的检验

4.3.1 量表初测

本文所构建的老年人消费行为量表和消费观念量表，主要是以西方已有的成熟量表和已有相关文献研究为基础，结合我国具体消费环境、消费文化和老年人自身特点，进行了归纳总结。既包括一般人群的消费特点，如消费观念量表中的现代消费观、成就消费观、大众消费观，消费行为量表中的流行时尚行为、信息搜寻行为、探索性行为等，又涵盖了具有中国特色和老年群体特色的一些特有维度。这些特点主要是通过深入访谈等实地调查形式呈现出来的，比如消费观念量表中的节俭消费观、利他主义消费观等，消费行为量表中的自愿节俭行为、品牌忠诚行为等。本文所构建的量表兼具了一般人群和老年群体的消费特点，为进一步测量做基础。

虽然，量表是建立在已有经验研究、无结构观察和访谈、德尔菲法的基础上，已具有一定的内容效度，但是仍会不可避免地存在一定的问题，如语言内容不恰当等问题。因此，不能直接将量表用在正式调查之中。为了找出量表初稿存在的问题，删减出无效测项，提高信度和效度，在大规模调查之前，需要对量表进行初测，即对问卷初稿进行预调查，为大规模正式调查做最后修订。

本次预调查是街头随机抽样方式，按照调查对象年龄的不同，分别将问卷提供给 20 岁以下，20 ~ 35 岁，35 ~ 45 岁，45 ~ 55 岁，55 岁以上的不同人群进行填答，共收回有效问卷 120 份，其中每个年龄组 24 份①。根据预

---

① 编码时，有遗漏核心概念的测量题项，或者漏答题项超过 5 项的问卷作为无效样本予以剔除

调查出现的问题，如语言内容不恰当、填答时间过长等，对问卷进行进一步修改和删减，形成正式调查问卷，以期正式调查达到理想效果。

表 4－3　根据初测结果修改调整后的正式量表

维度		测项
消费行为量表	探索型行为	ESB_Q1 - Q2
	自愿节俭行为	VSS_Q1 - Q2
	价格感知行为	PPS_Q1 - Q2
	品牌忠诚行为	BLS_Q1 - Q2
	流行时尚行为	PFS_Q1 - Q2
	消费谨慎性行为	CSS_Q1 - Q2
	享受型行为	ESS_Q1 - Q2
	信息搜寻行为	ISS_Q1 Q2
消费观念量表	节俭消费观	EVS_Q1 - Q2
	大众消费观	PVS_Q1 - Q2
	现代消费观	MVS_Q1 - Q4
	利他主义（后代）消费观	ADS_Q1 - Q2
	成就消费观	AVS_Q1 - Q2
	发展消费观	DVS_Q1 - Q7

4.3.2　量表测项的纯化

测项纯化是采用特定的标准，通过统计分析方法，将量表中不能精确测量概念的测项进行删减，选出合适的测项。一般来说，经过测项纯化步骤之后，量表的信度和效度都会得到相应的提高。目前，常用的测项纯化的方法有几种：无应答法（Lundstorm，1974）、T 检验法（爱德华，1957）、Cronbach α 值标准（Parasuraman，1988）等。

无应答是测项纯化的最基本方法。如果测项无应答率比较高，则证明测项不可靠。有学者研究表明，如果无应答率超过 10% 的测项应当予以淘汰(Oliver,1994)。本研究在专家审核、初测基础上进行改进后,各个题项的应答率为100%。因此,所有题项均可通过。

根据已有研究,如果Item - total系数小于0.4,则表示该题项与总体的相关性较小;如果删除该题项后Cronbach α值会变大,则表明应当删除该题项(Churchill,1979;阳翼,2008)。依据上述原则,对测项进行纯化,在消费观念量表中删除了"丰富的精神生活和物质生活一样重要"和"过分的节俭没必要,衣食住行要跟上时代"题项。

已有研究表明,在因子分析中,测项旋转后因子负荷值小于0.4或者在两个因子上的负荷值大于0.4,应当删除该测项(Nunnally,1975;阳翼,2008)。根据这一原则,消费观念量表中删除"健康是我生活的首要目标"和"人要知足常乐"题项。

4.3.3 探索性因子分析

1. 因子分析适合度

在做因子分析之前,首先需要对因子分析的适合程度进行检验。本研究主要采用KMO值(Kaiser - Meyer - Olkin Measure of Sample Adequacy)和巴特利特球状检验(Bartlett test of sphericity)来进行判断。对KMO的测量主要从比较变量之间的相关关系的相对大小入手,其值在0~1之间变化,KMO越高,说明该数据越适合做因子分析。有学者(Kaiser,1974)认为,在做因子分析时,根据KMO值的不同,有不同的判断标准。郭志刚(1999)认为,KMO的标准可以按以下标准进行:0.9以上,非常好;0.8以上,好;0.7以上,一般;0.6以上;差;0.5以上,很差;0.5以下,不能接受。根据测算(表4-5、表4-6),消费行为和消费观念量表的KMO值分别为0.729和0.768,适合做因子分析。

Bartlett球状检验的显著性水平的零假设是以相关矩阵为单位阵,如果通过统计,只有结果拒绝该假设,则表明可以进行因子分析。根据测算,本研究中消费行为和消费观念量表的 Bartlett 巴特利特球状检验的显著性水平 $P=0.000<0.001$，说明因子的相关系数矩阵为非单位矩阵，可以提取最少的因子解释大部分的方差，因此可以进行因子分析，同时保证效度。

表 4－4　KMO 值的评价标准

KMO 值	适合性
0.9 以上	非常好
0.8 以上	好
0.7 以上	一般
0.6 以上	差
0.5 以上	很差
0.5 以下	不能接受

表 4－5　老年消费行为 KMO 和巴特利特球状检验

KMO 度量		0.729
巴特利特球状检验	近似卡方	984.66
	自由度	120
	显著性 Sig.	0.000

表 4－6　老年消费观念 KMO 和巴特利特球状检验

KMO 度量		0.768
巴特利特球状检验	近似卡方	1 561.92
	自由度	105
	显著性 Sig.	0.000

2. 确定因子数目

按照已有研究，一般可以通过因子特征值，解释的方差贡献率和碎石图等形式来确定因子的数目。在因子分析中，消费行为量表前 8 个因子均大于 1（表 4－7），消费观念量表的前 6 个因子均大于 1（表 4－8），说明可分别提取 8 个和 6 个因子进行分析；从方差解释贡献率角度来看，根据已有研究,Malhotra(1999)认为,累计方差的解释贡献率最好大于60%。根据数据分析结果,消费行为量表的前8个因子的方差解释贡献率为73.715%,消费观念量表的前6个因子的方差解释贡献率为65.173%,均大于60%。从碎石图(图4-2,图4-3)的趋势来看,消费行为量表前8个因子变动较大,从第9个因子开始,曲线开始变得平缓,因此可以提取8个因子作为消费行为量表的因子个数。消费观念量表中,前6个因子的变动较大,应当提取6个因子进行研究。

表4-7 老年消费行为量表因子分析表

成分	初始特征值			提取平方和载入			旋转平方和载入		
	合计	方差的%	累积%	合计	方差的%	累积%	合计	方差的%	累积%
1	3.663	22.895	22.895	3.663	22.895	22.895	2.249	14.054	14.054
2	1.697	10.605	33.499	1.697	10.605	33.499	1.654	10.339	24.393
3	1.598	9.738	42.237	1.598	9.738	42.237	1.602	9.763	34.156
4	1.400	8.122	50.359	1.400	8.122	50.359	1.522	9.514	43.670
5	1.377	7.358	57.718	1.377	7.358	57.718	1.402	8.765	52.435
6	1.203	5.824	63.542	1.203	5.824	63.542	1.397	7.483	59.919
7	1.185	5.354	68.896	1.185	5.354	68.896	1.205	6.905	66.824
8	1.077	4.819	73.715	1.077	4.819	73.715	1.103	6.891	73.715
9	0.754	4.714	78.429						
10	0.634	3.965	82.394						
11	0.586	3.664	86.058						
12	0.549	3.430	89.487						
13	0.503	3.143	92.631						
14	0.456	2.847	95.478						
15	0.411	2.569	98.047						
16	0.312	1.953	100.000						

提取方法:主成分分析。

表 4－8　老年消费观念量表因子分析表

成分	初始特征值			提取平方和载入			旋转平方和载入		
	合计	方差的%	累积%	合计	方差的%	累积%	合计	方差的%	累积%
1	3.116	20.772	20.772	3.116	20.772	20.772	2.311	15.407	15.407
2	2.390	15.931	36.703	2.390	15.931	36.703	2.030	13.537	28.943
3	1.527	10.182	46.885	1.527	10.182	46.885	1.646	10.974	39.917
4	1.430	6.868	53.753	1.430	6.868	53.753	1.589	8.596	48.514
5	1.227	6.179	59.932	1.227	6.179	59.932	1.360	8.400	56.914
6	1.078	5.241	65.173	1.078	5.241	65.173	1.239	8.259	65.173
7	0.781	5.208	70.381						
8	0.722	4.810	75.191						
9	0.678	4.521	79.712						
10	0.612	4.077	83.790						
11	0.549	3.661	87.450						
12	0.505	3.368	90.819						
13	0.498	3.323	94.141						
14	0.463	3.084	97.225						
15	0.416	2.775	100.000						

提取方法:主成分分析。

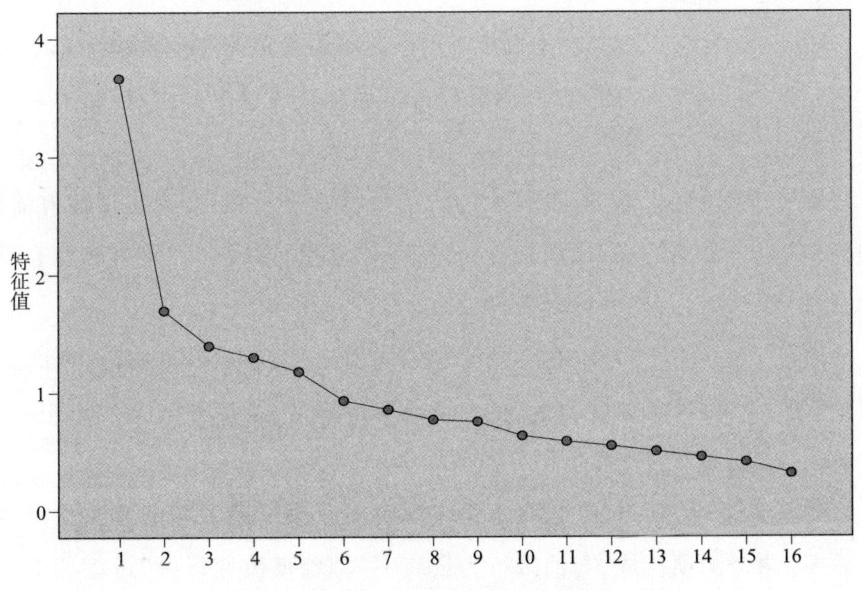

图 4－2　老年消费行为量表碎石图

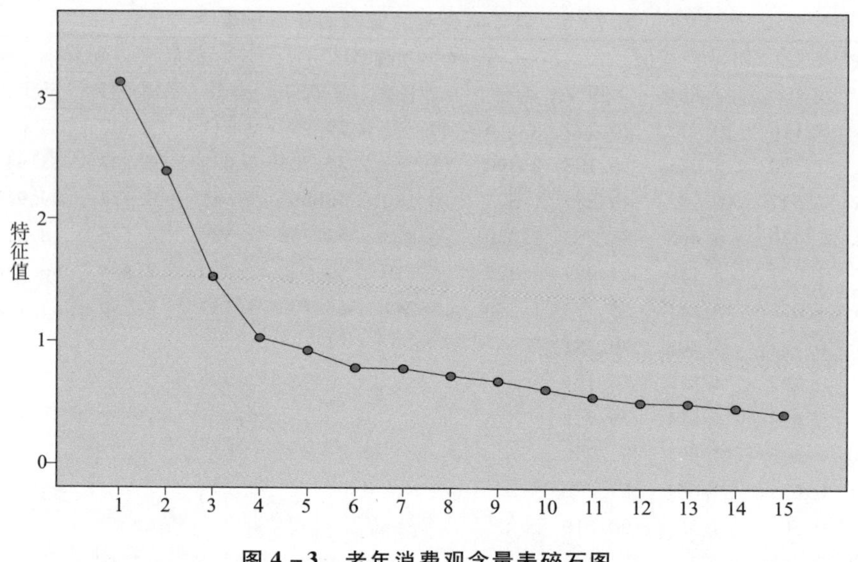

图 4－3　老年消费观念量表碎石图

3. 因子命名

(1)老年消费行为量表

根据相关统计学研究,根据每个因子测项的意义来对因子进行命名。通过方差最大的正交旋转后形成消费行为量表旋转成分矩阵结果(表 4－9),可以看出:

因子 1 由“流行的、有吸引力的风格是非常重要的”“我通常拥有流行的商品”两个测项构成,与消费行为量表中“流行时尚行为”维度相吻合,因此,将因子 1 命名为“流行时尚行为”;

因子 2 由“为了省钱,我会花时间选购商品”“我经常会选择打折商品”两个测项构成,与消费行为量表中“自愿节俭行为”维度相吻合,因此因子 2 命名为“自愿节俭行为”;

因子 3 由“购买产品时,我常常表现得很冲动”“我在粗心购买之后,我常后悔”两个测项构成,与消费行为量表中“消费谨慎性行为”维度相吻合,因此因子 3 命名为“消费谨慎性行为”;

表 4-9　老年消费行为量表旋转成分矩阵[a]

	成分							
	1	2	3	4	5	6	7	8
为了省钱,我会花时间选购商品:		0.841						
我经常会选择打折商品:		0.845						
生活中,购物逛街是一种很享受的事:						0.558		
我会使购物逛街的时间尽可能长:						0.905		
流行的、有吸引力的风格非常重要:	0.810							
我通常拥有流行的商品:	0.798							
我倾向于购买销售最好品牌的产品:								
我常常会改变我购买的品牌:							0.889	
有许多品牌供选择时,我感到很困扰:					0.607		0.633	
家人、朋友、同事会影响我的选择:					0.843			
我会仔细寻找符合金钱价值的产品:				0.611				
我会努力去选购高质量的产品:				0.837				
购买产品时,我常常表现得很冲动:			0.829					
我在粗心购买之后,我常后悔:			0.627					
自己喜欢的品牌,我一买再买:								0.871
我喜欢到我熟悉的商店去购物:								0.898

提取方法:主成分。
旋转法:具有 Kaiser 标准化的正交旋转法。
a. 旋转在 8 次迭代后收敛

因子 4 由“我会仔细寻找符合金钱价值的产品”“我会努力去选购高质量的产品”两个测项构成,与消费行为量表中“价格感知行为”维度相吻合,因此因子 4 命名为“价格感知行为”;

因子 5 由“有许多品牌供我选择时,我感到很困扰”“家人、朋友、同事会影响我在产品上的选择”两个测项构成,与消费行为量表中“信息搜寻行为”维度相吻合,因此因子 5 命名为“信息搜寻行为”;

因子 6 由“在生活中,购物逛街是一种很享受的事”“我会使购物逛街的时间尽可能短”两个测项构成,与消费行为量表中“享受型行为”维度相吻合,因此因子 6 命名为“享受型行为”;

因子 7 由“我常常会改变我购买的品牌”“有许多品牌供我选择时，我感到很困扰”两个测项构成，与消费行为量表中“探索性行为”维度相吻合，因此因子 7 命名为“探索性行为”；

因子 8 由“自己喜欢的品牌，我一买再买”“我喜欢到我熟悉的商店去购物”两个测项构成，与消费行为量表中“品牌忠诚行为”维度相吻合，因此将因子 8 命名为“品牌忠诚行为”。

根据老年人消费观念量表的旋转成分矩阵结果（表 4－10），可以看出：除了“能挣钱会花才是现代人的生活方式”测项外，其他测项的因子负荷都大于 0.5。由于因子负荷表示观测变量与公因子之间的相关系数，因此本研究中的各测项对应的因子具有较好的解释力。

表 4－10　老年消费观念量表旋转成分矩阵[a]

	成分					
	1	2	3	4	5	6
不论有钱没钱，生活都要节俭：				0.641		
实用比流行更重要：				0.522		
过日子要长远打算，不能借债度日：		0.800				
过日子要以吃穿为主，以温饱为准则：		0.674				
穿不同档次的衣服表明不同的身份和地位：			0.821			
人应该讲面子，在人际交往中要舍得花钱：			0.772			
花明天的钱圆今天的梦：			0.574			
能挣钱会花才是现代人的生活方式：			0.480			
只要为孩子好，花多少钱都值得：					0.882	
一切优先为了孩子考虑：					0.687	
人活着的目的主要在于从工作中获得乐趣和取得成就：						0.653
没有工作的压力，人就会停步不前：						0.767
购买消费品不在于数量多，在于品质精：	0.646					
花钱省时间是值得的：	0.558					
人应该不断地发展和完善自己：	0.776					

提取方法：主成分。
旋转法：具有 Kaiser 标准化的正交旋转法。
a. 旋转在 23 次迭代后收敛。

在因子命名方面，观测因子1由“对消费品的购买不在于数量多，而在于品质的精”“花钱省时间是值得的”“人应该不断地发展和完善自己”三个测项构成，与消费观念量表中“发展消费观”维度相吻合，因此，将因子1命名为“发展消费观”；

因子2由“过日子要长远打算，不能借债度日”“过日子要以吃穿为主，以温饱为准则”两个测项构成，与消费观念量表中“大众消费观”维度相吻合，因此，将因子2命名为“大众消费观”；

因子3由“穿不同档次的衣服表明不同的身份和地位”“人应该讲面了，在人际交往中要舍得花钱”“花明天的钱圆今天的梦”“能挣钱会花才是现代人的生活方式”四个测项构成，与消费观念量表中“现代消费观”维度相吻合，因此，将因子3命名为“现代消费观”；

因子4由“不论有钱没钱，生活都要节俭”“实用比流行更重要”两个测项构成，与消费观念量表中“节俭消费观”维度相吻合，因此，将因子4命名为“节俭消费观”；

因子5由“只要为孩子好，花多少钱都值得”“一切优先为了孩子考虑”两个测项构成，与消费观念量表中“利他主义消费观”维度相吻合，因此，将因子5命名为“利他主义消费观”；

因子6由测项“人活着的目的主要在于从工作中获得乐趣和取得成就”“没有工作的压力，人就会停步不前”两个测项构成，与消费观念量表中“成就消费观”维度相吻合，因此，将因子6命名为“成就消费观”。

根据上述分析结果，可以分别将老年消费行为和消费观念量表的因子进行命名，如表4-11、表4-12所示：

表4-11　老年消费行为量表因子命名表

因子名称	测项
探索型行为(ESB)	我倾向于购买销售最好品牌的产品。 我常常会改变我购买的品牌。

续表

因子名称	测项
自愿节俭行为(VSS)	为了省钱,我会花时间选购商品。 我经常会选择打折商品。
价格感知行为(PPS)	我会仔细寻找符合金钱价值的产品。 我会努力去选购高质量的产品
品牌忠诚行为(BLS)	自己喜欢的品牌,我一买再买。 我喜欢到我熟悉的商店去购物。
流行时尚行为(PFS)	流行的、有吸引力的风格是非常重要的。 我通常拥有流行的商品。
消费谨慎性行为(CSS)	购买产品时,我常常表现得很冲动。 我在粗心购买之后,我常后悔。
享受型行为(ESS)	在生活中,购物逛街时一种很享受的事。 我会使购物逛街的时间尽可能长。
信息搜寻行为(ISS)	有许多品牌供我选择时,我感到很困扰。 家人、朋友、同事会影响我在产品上的选择。

表 4-12　老年消费观念量表因子命名表

因子名称	测项
节俭消费观(EVS)	无论有钱没钱,生活都要节俭。 实用比流行更重要。
大众消费观(PVS)	过日子要长远打算,不能借债度日。 过日子要以吃穿为主,以温饱为准则。
现代消费观(MVS)	穿不同档次的衣服表明不同的身份和地位。 人应该讲面子,在人际交往中要舍得花钱。 花明天的钱圆今天的梦。 能挣钱会花才是现代人的生活方式。
利他主义消费观(ADS)	只要为孩子好,花多少钱都值得。 一切优先为了孩子考虑。

续表

因子名称	测项
成就消费观(AVS)	人活着的目的主要在于从工作中获得乐趣和取得成就。
	没有工作的压力,人就会停止不前。
发展消费观(DVS)	对消费品的购买不在于数量多,而在于品质的精。
	花钱省时间是值得的。
	人应该不断地发展和完善自己。

4.3.4　量表信度效度检验

1. 量表信度检验

信度,又称为可靠性,指问卷的可靠程度,主要是指在测量时针对同一个测量对象,采用同样的方法进行重复测量,得到结果的一致性的程度。信度主要表现为测量结果的一致性、一贯性和稳定性,即测量工具是否稳定的测量出事物的变量(风笑天,2001)。

从性质上看,信度可分为内在信度和外在信度。内在信度主要看测量的各个项目之间的一致性程度,即是否具有较高的一致性。一致性程度越高,其测量结果的一致性就越强。外在信度主要指在不同时间对被测量对象进行重复测量,通过测量结果来评价其一致性。如果前后两次的结果相关性较强,则可以验证该测量结果是可行的。

检验信度的方法有很多种,其中检验外在信度一般用"再测信度"方法,而检验内在信度通常使用 Alpha 信度和折半信度等方法。不同的方法,使用不同信度系数来计算,再对信度系数进行分析。选择使用哪种方法,主要取决于测量的种类、目的和计算信度工具的可利用性(黄芳铭,2005)。

(1)折半信度。将量表所有测项分成两组,通过计算两组测项的相关性,来判断数据的可靠性(巴比,2000)。通过统计分析得知,老年消费行为量表的折半信度是 0.774,老年消费观念量表的折半信度为 0.816,比较理想。

（2）Alpha 信度。目前最常用的测量信度的方法。根据美国统计学家 Joseph 的观点，当值大于 0.7 时，则表明数据的可靠性比较高；如果测项小于 6 个时，其值大于 0.6，表明数据可靠。通常在探索性研究中，Alpha 信度值可以小于 0.7，但应大于 0.5（Joseph，1998）。

统计结果显示，消费行为和消费观念量表的 Alpha 信度值分别是 0.736 和 0.711，表明量表内部具有较高的可靠性。同时，针对老年人消费行为和消费观念两个量表，分别计算出每个分量表的 Alpha 信度，对各个分量表内部的一致性进行检验。其结果如表 4－13、表 4－14 所示，可以看出，Alpha 信度值达到要求，量表内部信度较好。

表 4－13　老年消费行为量表内部一致性分析

消费行为维度	测项数目	Alpha 信度
自愿节俭行为	2	0.697
享受型行为	2	0.891
流行时尚行为	2	0.754
探索型行为	2	0.649
信息搜寻行为	2	0.654
价格感知行为	2	0.635
谨慎型行为	2	0.731
品牌忠诚行为	2	0.801

表 4－14　老年消费观念量表内部一致性分析

消费观念维度	测项数目	Alpha 信度
节俭消费观	2	0.641
大众消费观	2	0.702
现代化消费观	4	0.610
利他主义消费观	2	0.712
成就消费观	2	0.825
发展消费观	3	0.692

2. 量表效度检验

效度,即测量的准确度,也被称为测量的有效度,主要指测量工具反映测量变量的准确程度,或者说是能够准确度量事物属性的程度(风笑天,2001)。效度是评估量表价值的最重要方面之一。效度越高,越能准确地反映测量对象的真实特征。效度包括两方面的含义:一方面是调查的目的,另一方面是对测量目标进行测量的准确性和精确性。目前,一般将效度分为三种类型:内容(逻辑)效度、结构(构想)效度和效标关联效度。

(1)内容(逻辑)效度

内容效度是指测量内容与测量目标之间的贴合性,或者说测量是否能反映出测量的特质,能否达到测量目的,较好的代表测量目标的内容。一般来说,对问卷内容效度的评价主要通过经验判断进行,最常用的方法是专家法,即请有关专家对问卷题目与原来的内容进行比较分析。本研究量表所涉及的题项均来自以往的研究和无结构观察、访谈,在该领域得到广泛采纳,具有良好的内容效度。同时,请三位相关领域专家对测项题目的符合性做出判断,最终确定量表,在一定程度上保证了量表的内容效度。

(2)构想(结构)效度

构想效度又称作结构效度,是指一种测量工具测量某一概念的程度,即测量的实际得分解释某一概念特质的程度。结构效度的评价方法通常采用因子分析法,因子分析法一方面对于评价量表结构的相合性有重要作用,另一方面还可以采用共性方差与总方差之比来作为结构效度的衡量标准。

在做因子分析之前,需要对其进行适合程度检验。本研究采用 KMO 值和球状检验来进行判断。对 KMO 的测量主要从比较变量之间的相关关系的相对大小入手,其值在 0 ~ 1 变化。KMO 越高,说明该数据越适合做因

子分析。根据 Kaiser(1974)的研究,在做因子分析时,根据 KMO 值的不同,有不同的判断标准。根据测算,消费行为和消费观念量表的 KMO 值分别为 0.729 和 0.768,适合做因子分析。

Bartlett 球状检验的显著性水平的零假设是以相关矩阵为单位阵,通过统计,只有结果拒绝该假设,才可使用因子分析。根据测算,本研究中消费行为和消费观念量表的 Bartlett 巴特利特球状检验的显著性水平 $P = 0.000 < 0.001$,说明因子的相关系数矩阵为非单位矩阵,可以提取最少的因子又能够解释大部分的方差,可进行因子分析。

(3)效标效度

效标效度又称作效标关联效度,可以反映测量的数值与效标之间的相关程度。为了检验量表中各个效标之间的关联程度,本文将通过因子分析得出的价值观因子和消费行为因子作皮尔森相关系数分析,具体见表 4-15。

从以上分析可看出,总体上,老年消费行为和消费价值观量表具有较好的效标效度。同时,也可看出,消费行为和价值观之间的相关关系并不是一一对应的,而是一对多的相关关系,即一种消费行为与多个消费价值观呈现显著相关。同时,一个消费价值观与多种消费行为也呈现显著相关。当然,除了对消费行为和消费观念做相关分析之外,还可以从消费行为、消费观念和人口统计变量之间的关系来研究,下章将采用单因素方差分析方法进一步进行验证。

表 4-15 老年消费行为因子值与消费观念因子值的相关系数矩阵

		F1 流行时尚行为	F2 自愿节俭行为	F3 消费谨慎性行为	F4 价格感知行为	F5 信息搜寻行为	F6 享受型行为	F7 探索型行为	F8 品牌忠诚行为
f1 发展消费观	Pearson 相关性	0.230**	0.062	0.104	0.071	-0.020	-0.188**	0.058	0.182**
	显著性(双侧)	0.000	0.279	0.069	0.215	0.726	0.001	0.315	0.001
	N	306	306	306	306	306	306	306	306
f2 大众消费观	Pearson 相关性	-0.185**	0.117*	0.120*	0.100	0.068	-0.057	-0.015	0.248**
	显著性(双侧)	0.001	0.040	0.036	0.082	0.238	0.318	0.788	0.000
	N	306	306	306	306	306	306	306	306
f3 现代消费观	Pearson 相关性	0.353**	0.064	-0.187**	0.067	0.088	0.031	0.155**	0.056
	显著性(双侧)	0.000	0.263	0.001	0.243	0.126	0.584	0.006	0.329
	N	306	306	306	306	306	306	306	306
f4 节俭消费观	Pearson 相关性	-0.061	0.234**	0.078	-0.016	-0.041	-0.150**	0.043	0.035
	显著性(双侧)	0.287	0.000	0.175	0.774	0.474	0.009	0.456	0.538
	N	306	306	306	306	306	306	306	306
f5 利他主义消费观	Pearson 相关性	0.061	0.091	0.010	0.069	0.009	-0.002	0.035	0.053
	显著性(双侧)	0.286	0.111	0.856	0.227	0.876	0.971	0.545	0.354
	N	306	306	306	306	306	306	306	306
f6 成就消费观	Pearson 相关性	-0.040	0.167**	-0.016	0.101	0.032	-0.045	-0.048	0.038
	显著性(双侧)	0.491	0.003	0.774	0.077	0.576	0.435	0.399	0.505
	N	306	306	306	306	306	306	306	306

** 在 0.01(双侧)水平上显著相关

* 在 0.05(双侧)水平上显著相关

4.4 量表终稿的确定

通过上述对老年人消费行为量表和消费价值观量表初稿的编制、量表初测、测项纯化、因子分析,得出最终量表。在此基础上进一步对量表的信度和效度进行检验,证明量表的信度和效度是可以保证的。老年人消费行为量表包含 8 个维度 16 个测项;老年人消费价值观量表包含 6 个维度 15 个测项。终稿见表 4 - 16、表 4 - 17:

表 4 - 16 老年人消费行为量表

序号	原题号	测项	维度
1	Q21 - 1	为了省钱,我会花时间选购商品。	探索型行为(ESB)
2	Q21 - 2	我经常会选择打折商品。	
3	Q21 - 3	为了省钱,我会花时间选购商品。	自愿节俭行为(VSS)
4	Q21 - 4	我经常会选择打折商品。	
5	Q21 - 5	我会仔细寻找符合金钱价值的产品。	价格感知行为(PPS)
6	Q21 - 6	我会努力去选购高质量的产品	
7	Q21 - 7	自己喜欢的品牌,我一买再买。	品牌忠诚行为(BLS)
8	Q21 - 8	我喜欢到我熟悉的商店去购物。	
9	Q21 - 9	流行的、有吸引力的风格是非常重要的。	流行时尚行为(PFS)
10	Q21 - 10	我通常拥有流行的商品。	
11	Q21 - 11	购买产品时,我常常表现得很冲动。	消费谨慎性行为(CSS)
12	Q21 - 12	我在粗心购买之后,我常后悔。	
13	Q21 - 13	在生活中,购物逛街时一种很享受的事。	享受型行为(ESS)
14	Q21 - 14	我会使购物逛街的时间尽可能长。	
15	Q21 - 15	有许多品牌供我选择事,我感到很困扰。	信息搜寻行为(ISS)
16	Q21 - 16	家人、朋友、同事会影响我在产品上的选择。	

表 4-17　老年人消费价值观量表

序号	原题号	测项	维度
1	Q22-1	无论有钱没钱,生活都要节俭。	节俭消费观(EVS)
2	Q22-2	实用比流行更重要。	
3	Q22-3	过日子要长远打算,不能借债度日。	大众消费观(PVS)
4	Q22-4	过日子要以吃穿为主,以温饱为准则。	
5	Q22-5	穿不同档次的衣服表明不同的身份和地位。	现代消费观(MVS)
6	Q22-6	人应该讲面子,在人际交往中要舍得花钱。	
7	Q22-7	花明天的钱圆今天的梦。	
8	Q22-8	能挣钱会花才是现代人的生活方式。	
9	Q22-9	只要为孩子好,花多少钱都值得。	利他主义消费观(ADS)
10	Q22-10	一切优先为了孩子考虑	
11	Q22-11	人活着的目的主要在于从工作中获得乐趣和取得成就。	成就消费观(AVS)
12	Q22-12	没有工作的压力,人就会停止不前。	
13	Q22-13	购买消费品不在于数量多,而在于品质的精。	发展消费观(DVS)
14	Q22-16	花钱省时间是值得的。	
15	Q22-19	人应该不断地发展和完善自己。	

4.5　与西方量表的比较

以往国内学者在研究消费行为和消费观念时,往往借鉴西方研究量表。西方量表尽管比较成熟,但由于中国不同于西方的特殊国情,使得这些量表在完备性和适用性上都存在一些问题。本研究在西方量表研究的基础上,通过实地访谈、观察等研究手段构建了基于中国本土化的老年人消费行为和消费观念量表,在一定程度上可以解决上述问题。与西方量表相比,本文的量表具有以下优势:

第一,本土研究的适用性。用西方关于消费行为和消费观念的量表来研究中国,尤其是研究作为较为特殊群体的中国老年人,在一定程度上存在着适用性问题。比如在 Kahle(1992)的价值观量表中,"归属感"维度中关于"我经常到教堂祷告"的测项,是产生于基督教盛行的西方,对深受儒家文化影响的中国人的价值观研究不适用。另如著名的 RVS 量表"超度"维度中关于"永生"的测项,同样不适用于中国。本研究所构建的老年人消费行为和价值观量表充分考虑到中国人研究的适用性问题,比如中国传统文化强调节俭,通过已有研究和实地深入访谈得知,许多中国老年人都存在节俭的观念,认为生活应当节俭,不赞成提前消费,因此,在消费行为和消费观量表的维度中,分别设置了"自愿节俭行为"和"节俭价值观";再如通过实地访谈发现,许多老年人消费有从众心理,凡事喜欢随大流,不喜欢出头突显自己的个性,因此在消费观念量表中设置了"大众消费观"维度等。这些与西方量表相比,更具有本土研究适用性。

第二,量表维度的完备性。由于中国人,尤其是中国老年人在消费行为和消费价值观方面存在较大的差异。比如,西方崇尚个人主义,其消费价值观多建立在对西方个人主义消费者研究的基础上,而在中国,更多的提倡集体主义,许多有孩子的家庭中的成年人的消费很多是围绕孩子进行的,更有许多人认为"只要孩子好,花多少钱都值得"。因此,在价值观量表中引入"利他主义价值观"维度,对中国老年人的消费行为具有重要影响。再如,消费价值观量表中的"大众价值观"维度也是建立在对中国人长期存在的传统消费价值观的研究基础上形成的。具体题项"过日子要长远打算,不能借债度日""过日子要以吃穿为主,以温饱为准则"也是有别于西方的普遍性消费价值观。引入这些重要的具有中国本土特色的价值观维度,有效地保证了研究的完备性。

第三,测量的可靠性。本研究通过文献回顾、深入访谈、观察和德尔菲专家法等研究方法确定了老年人消费行为和消费观念量表的初稿,采用量表测项纯化、因子分析、信度和效度检验等手段，进一步修改和检验了量表，在一定程度上保证了量表的准确性和可靠性。

尽管与西方量表相比，本研究所构建的老年人消费行为和消费价值观量表具有一定本土优势，但仍然存在许多问题和不足。比如量表的所有维度和测项均来自已有文献研究和访谈观察等方法，其结构和表述仍存在需要改进的空间。另外，对消费价值观维度的研究来自价值观研究的传统方法——穷举法。因此，仍有可能会遗漏一些重要的消费价值观维度本研究。

4.6 本章小结

与过去相比，当代的中国老年人消费观念和行为差异化较大，这种复杂性使得我们在研究其消费观念和行为过程中不能一味照搬西方量表，因为西方量表纵然相对成熟，但基本都是依据西方消费者的行为特点和方式构建的，不可能完全适用于中国，如果完全照搬，会造成测量偏差和结果的不准确，因此必须在此基础上进行本土化修正，特别根据我国老年人的特点和具体情况，构建适合中国特色的老年人消费行为和观念量表。

本章将焦点主要放在老年人消费行为和消费观念研究的方法论问题上，主要包括问卷设计中量表的设计和构建、预调查实施和修改、量表的检验。本章采取文献归纳法，借鉴国内外学者已有研究，同时结合本研究内容，初步总结了我国老年消费行为和消费观念维度。在构建量表过程中，以西方已有的较为成熟的研究为基础，同时，结合我国具体消费环境和老年人自身特点，进行了归纳总结。通过预调查，对不合适的维度和测项进行微调；利用无应答法、Cronbach α 标准等方法对量表进行纯化；通过探索性因子分析，对老年消费行为因子和消费观念因子分别进行命名；进行信度和效度检验，结果表明量表具有较高的一致性和可靠性。

根据上述步骤,最终形成本研究的老年人消费行为量表和老年人消费观念量表。老年人消费行为量表共8个维度16个测项,其中8个维度分别是探索型行为、自愿节俭行为、价格感知行为、品牌忠诚行为、流行时尚行为、消费谨慎性行为、享受型行为、信息搜寻行为;老年人消费观念量表共6个维度15个测项,6个维度分别是节俭消费观、大众消费观、现代消费观、利他主义消费观、成就消费观和发展消费观。老年人消费行为和消费观念量表的确定为下一步对老年人消费进行实证分析提供工具准备和技术支持。

第 5 章

城市老年人消费的实证分析

5.1　调查设计

5.1.1　调查问卷设计

正式的调查问卷主要由引言、主体和附录三个部分组成。

引言部分主要包括：称呼、访问员自我介绍、调查目的、调查意义、调查所需时间、对被调查者信息的保密承诺和感谢语等。

问卷的主体部分共计 22 个大题，采用封闭题目形式，主要分三个部分：第一部分是被调查者的人口统计特征和消费需求情况，如年龄、性别、职业、收入等，旨在了解被调查者的人口和社会背景和消费需求；第二部分是消费行为量表，包括探索型行为（ESB）、自愿节俭行为（VSS）、价格感知行为（PPS）、品牌忠诚行为（BLS）、流行时尚行为（PFS）、消费谨慎性行为（CSS）、享受型行为（ESS）、信息搜寻行为（ISS）八个维度 16 个题项，旨在了解被调查者的消费行为特征；第三个部分是消费观念量表，主要包括节

俭消费观(EVS)、大众消费观(PVS)、现代消费观(MVS)、利他主义消费观(ADS)、成就型消费观(AVS)、发展消费观(DVS)等六个消费观维度共15个题项,旨在了解被调查者的消费观念特征。为了避免应答误差,我们对“消费行为量表”和“消费观念量表”中的所有测项做了随机排序处理,两个量表均采用5点式李克特量表表示:1完全赞成,2比较赞成,3说不清,4不赞成,5完全不赞成。

调查问卷的附录部分主要包括调查时间、调查地点和观察记录等,由调查人员填写。

5.1.2 调查地概况

本次调查地点选在山东省烟台市。山东省烟台市是中国首批14个沿海开放城市之一,全国经济实力二十强城市.烟台市与韩国和日本隔海相望,韩企众多,因此也是未来“中日韩自贸区”的热门试点城市。烟台地处山东半岛东部,全市土地面积13 745.95平方千米,濒临渤海、黄海,2018年年末全市常住人口712.18万人。

特别是近年来,烟台市在经济、社会、文化等各方面都取得了显著的成绩,经济持续快速增长、社会结构合理稳定、文化繁荣,人们的生活水平得到很大改善和提高。2017年,烟台市在全国大中城市国内生产总值的排名中列第20位。2017年中国百强县,山东有21个县市入选,其中烟台市占据四席,分别是龙口、莱州、招远和蓬莱,更显示出了其发达的县域经济实力。

从经济方面来看,2018年,烟台市国内生产总值7 832.58亿元,同比增长6.4%;从收入和消费方面来看,2018年,全市居民人均可支配收入34 901元,城镇居民人均消费支出23 383元,其中城镇居民人均可支配收入44 875元,城镇居民人均消费支出29 495元(烟台市国民经济和社会发展统计公报,2018)。从人口状况来看,2018年年末全市常住人口712.18万人,比2017年年末增加3.24万人,其中城镇常住人口463.43万人,比2017年年末增加12.12万人。全市常住人口城镇化率达到65.07%,比2017年提高1.41个百分点。年末户籍人口653.86万人,全年出生人口5.78万人,出生率为8.84‰,人口呈现负增长。从人口分布来讲,人口主要集中在烟台市几个核心区,比如芝罘区、莱山区等(烟台政府网,2019)。

之所以选择烟台市作为本研究调查地,主要基于以下原因:

首先,从经济发展来看,烟台市的经济在我国属于中上水平。2017年,烟台国内生产总值居全国第20名,仅次于青岛,位居山东省内第二位,经济实力居全国地级市前5名(烟台政府网,2018),对我们研究城市老年人的消费有一定的代表性。

其次,从地域文化来看,一方面烟台市地处中国东部沿海,与内陆地区相比,具有较为开放的消费观念。另一方面,烟台市位于山东儒家文化圈,深受孔孟之道的影响,注重传统文化和伦理道德,具有较深的传统观念,有利于我们研究当代兼具传统和现代观念影响的老年群体的消费特点。

再次,从人口结构来看,烟台市人口老龄化程度较深。根据统计数字,截至2018年年底,烟台市户籍老年人口达171万人,约占总人口的26%。烟台市已趋向于深度老龄化社会,老年人口正以每年6.5万人的速度递增,80周岁以上高龄老人达30万人,空巢老人约占老年户籍人口的70%,失能半失能老人约30万人。烟台市是最早进入人口老龄化社会的地市之一,人口老龄化的形势与全国一样,面临着严峻的挑战。烟台市呈现出老年人口增长快、规模大,高龄、失能老人增长快的特点,预计到2020年,全市老年人口将突破180万人,比重将提升到27%以上,高龄、独居、空巢、失能和半失能老人数量和比例也将大幅度增加。严峻的老龄化形式对于我们研究当代老年人消费行为和消费观念提供了前提。

最后,从居民消费来看,2018年,烟台市居民人均消费支出23 383元,同比增长6.7%。其中,城镇居民人均消费支出29 495元,同比增长

5.7%,远高于我国平均水平。同时,从消费支出八大类构成看,排名前三位的分别是食品烟酒、居住、交通通信消费,其中全市居民人均食品烟酒消费支出7 231元,占总消费支出的比重为30.9%;人均居住消费支出4 958元,占总消费支出的比重为21.2%;人均交通通信消费支出3 151元,占总消费支出的比重为13.5%。从消费支出增长速度看,生活用品及服务、教育文化娱乐、衣着消费支出增速较快,增幅分别为14.1%、13.8%、9.0%。(烟台市国民经济和社会发展统计公报,2018;国家统计局烟台调查队,2019),消费结构呈现出传统与新特点并存的现状,对于研究城市老年人的消费形态提供了基础。

5.1.3 研究对象的选择

本文以年龄为主要研究维度,研究对象主要分为两个部分:老年人口和对照组。老年人口是本研究的主要研究对象。年龄一直是老年学研究中的主要议题,对于老年人年龄的划分,不同学者都有其不同的观念。有学者认为,年龄是一个多维的概念,因此不同维度的年龄标准,其界定方式也是不同的(顾大男,2000)。从20世纪初开始,有学者从生育的角度来界定老年人,认为50岁以上的人口被称为老年人(王洵,刘毅强,2001)。之后,联合国将老年人的年龄界定为65岁及以上(邬沧萍,1999)。目前,国外在老年消费市场研究中关于老年人口的年龄界定主要有几种观点,分别是50岁及以上、55岁及以上和60岁及以上。在我国,由于受退休制度的影响,有学者认为50岁以上的人由于到了退休阶段,更多地认为自己是老年人(应斌,2003)。本研究通过国内外相关研究的归纳和综合考虑,将年龄在55岁以上的老年人作为主要的研究对象。

之所以选择55岁作为老年人口的分界点,主要基于以下考虑:首先,在国外关于老年市场的研究中,55岁被认为是进入老年的起点,将研究对象年龄界定为55岁更有利于与西方老年消费行为和消费观念的相关研究做比较。同时,从本文的研究主题和研究目的出发,考虑到我国的退休政策、老年人的消费能力和健康程度,将老年人口界定为 55 岁更有利于本研究结果的准确性,适合程度更好。基于此,我们将主要研究对象界定为年龄在 55 岁及以上的老年人口。

另外,由于考虑到城市作为文化、经济和政治的汇集地,消费观念更新较快,中国老年人的消费行为和消费观念转变在城市表现比较明显。另外,受研究经费和时间成本的限制,在农村开展大规模调查的成本较高。为确保问卷调查的顺利进行,本研究将调查对象确定为城市的老年消费者。

5.1.4　样本量的确定

一般来说,在样本量的确定方法上,根据已有研究,Tinsley(1987)认为,样本量应根据题项数量,每个题项大概有 5 ~ 10 个样本。Nunnally(1978)认为:样本量至少应是量表测项数量的十倍左右(Nunnally,1978;吴绍宏,2001;周志民,2003)。Comrey(1973)认为,100 个太少,200 个比较好,300 个正好,500 个十分好,1 000 个极好,200 个样本对于不超过 40 个题项的量表来说是足够的。

本研究设计的老年消费行为和消费观念量表共 30 项,根据 Nunnally 的建议,样本量应至少为量表题项数量的 10 倍,即 300 个。本研究回收的有效问卷共计 739 份,访谈样本 51 份,达到样本量要求。

5.1.5　抽样和数据收集过程

本研究采用概率抽样方法中的多阶段抽样。

首先,根据烟台市辖区内的 6 个区作为初级抽样单位(PSU)全部入样。

其次,按照随机抽样原则,分别在 6 个区各抽取 3 个街道入样。

最后,获得抽取的街道居委会名单,按照年龄将其分层,每层根据街道常住人口数占总人口数的百分比分配样本量，按系统抽样方法抽取老年人和对照组入样。

同时，为保证所有入选样本均符合调查要求，在实际调查中，需遵循以下原则：

第一，在抽取样本时，尽量注意所有抽中的样本均来自不同的家庭。如果发现被抽中的样本来自同一家庭，则选取最先抽取的一位，来自同家庭的其他入选样本予以剔除。

第二，如果在实际调查过程中发现入选的被调查者外出或者死亡，无法进行调查的，则选择同家庭中年龄相仿者进行调查；如果没有，则选择抽样框中紧邻的下一位符合条件的被调查者替代。

为了保证调查对象提供数据的真实性，在问卷最后要求留下调查对象亲友的联系方式，调查结束后会对其进行回访，对回访不成功或者回访信息与调查对象提供的信息不一致的问卷不予采纳。

5.2 人口统计学特征

本次调查共发放问卷 770 份，成功回收 751 份，其中有效问卷 739 份，有效回收率 96.0%。在所有有效问卷中，55 岁及以上老年组问卷 307 份，54 岁以下对照组问卷 432 份，深入访谈样本 51 份①。

5.2.1 老年组

通过对问卷整理和统计，在 55 岁及以上老年人有效样本共 307 个，样本特征如表 5-1 所示：

(1)性别：在所有的 55 岁及以上老年人中，男女比例基本相当。男性人数为 145 人，占全部样本的 47.2%；女性人数为 162 人，占全部样本

① 如无特殊说明，本章节数据已经过加权处理。

的52.8%。样本中男女分布较为均匀,问卷能够准确反映出男女想法差异。

(2)年龄:在年龄分布比例上,70~79岁年龄组样本数最多,达170个,占全部样本量的55.4%;其次是60~69岁年龄组,占30.6%;80岁及以上的老年人比例为9.1%;55~59岁样本数最少,占总样本的4.9%。

(3)婚姻状况:大多数被调查者为已婚人士,占总人数的75.2%,丧偶/离婚/未婚比例为24.8%,其中丧偶比例最大。

(4)文化程度:中学学历所占比例最大,其中初中学历的被调查者为79人,占总人数的27.1%;学历为中专/高中的被调查者为83人,占总人数的27.0%;其次为小学,比例为21.5%;大学及以上学历的被调查者比例为9.1%。

(5)工作状况:多数被调查者为离退休后未工作状态,为226人,占总人数的73.6%;离退休后有偿工作的人数仅为13人,而一直在职工作的人数为6人;从未有过正式工作的人数为62人,占全部被调查者的20.2%。

(6)收入水平:由于老年人的消费与家庭收入关系紧密,因此此处用家庭(同吃同住)月收入来衡量。其中,家庭月收入在5 000~7 999元的人数最多,为77人,占被调查老年人的25.1%;其次为家庭月收入在3 000~4 999元,占总数的20.8%;家庭月收入不足1 000元和15 000元以上的比例分别为7.5%和4.2%。

(7)身体状况:此题项设置为老年人自评。其中老年人自评为身体状况一般的比例最大,达到46.3%;其次为自评为很好的比例为32.9%;自评为很差的比例仅为1.6%。

表 5-1　老年组样本构成情况(N=307)

变量		人数	百分比(%)
性别	男	145	47.2
	女	162	52.8
年龄	55~59岁	15	4.9
	60~69岁	94	30.6
	70~79岁	170	55.4
	80岁以上	28	9.1
婚姻状况	已婚	231	75.2
	丧偶/离婚/未婚	76	24.8
文化程度	不识字	18	5.9
	私塾	9	2.9
	小学	66	21.5
	初中	79	27.1
	中专/高中	83	27.0
	大专	24	7.8
	大学及以上	28	9.1
工作状况	在职	6	2.0
	离、退休后未工作	226	73.6
	离、退休后有偿工作	13	4.2
	从未有过正式工作	62	20.2
家庭月收入	1000元以下	23	7.5
	1000~1999元	34	11.1
	2000~2999元	53	17.3
	3000~4999元	64	20.8
	5000~7999元	77	25.1
	8000~14999元	40	13.0
	15000元及以上	13	4.2
	缺失值	3	1.0

续表

变量		人数	百分比(%)
身体状况	非常好	33	10.8
	很好	101	32.9
	一般	142	46.3
	比较差	25	8.1
	很差	5	1.6
	缺失值	1	0.3

5.2.2　对照组

本次研究的对照组样本共 432 份，其中包括 25 岁以下年龄组样本 108 份，25 ~ 54 岁年龄组样本 324 份。

1. 性别

在对照组有效样本中(表 5 - 2)，其中男性被调查者 195 人，占总被调查者的 45.1%，女性被调查者 237 人，占总被调查者的 54.9%。

表 5 - 2　对照组性别分布情况

性别	频率	百分比	有效百分比	累积百分比
男	195	45.1	45.1	45.1
女	237	54.9	54.9	100.0
合计	432	100.0	100.0	

2. 年龄

对照组样本的年龄分布比例(表 5 - 3)，对照组四个年龄组比例大致相当，其中以 45 ~ 55 岁年龄组的被调查者稍多，占 26.4%；其次是 25 岁以下年龄组，比例为 25%；25 ~ 34 岁年龄组和 35 ~ 44 岁年龄组的被调查者比例相当，为 24.3%。

表 5-3　对照组年龄分布情况

年龄	频率	百分比	有效百分比	累积百分比
25 岁以下	108	25.0	25.0	25.0
25~34 岁	105	24.3	24.3	49.3
35~44 岁	105	24.3	24.3	73.6
45~55 岁	114	26.4	26.4	100.0
合计	432	100.0	100.0	

3. 受教育程度

从受教育程度方面来看,由于 20 岁及以下的被调查者多为在校学生,因此受教育程度基本为高中。20~54 岁年龄对照组的受教育程度分布见表 5-4,其中本科学历比例最多,达到 33.5%;其次为大专学历,比例为 23.4%;中专/高中学历的被调查者比例为 15.6%;研究生及以上教育程度的被调查者共 47 人,比例为 14.0%。

表 5-4　20~54 岁年龄组受教育程度分布情况

受教育程度	频率	百分比	有效百分比	累积百分比
初中	45	13.5	13.5	13.5
中专/高中	52	15.6	15.6	29.1
大专	78	23.4	23.4	52.5
本科	112	33.5	33.5	86.0
研究生及以上	47	14.0	14.0	100.0
合计	334	100.0	100.0	

4. 职业

由于对照组中 20 岁以下年龄组的被调查者多为在校学生,因此仅对 20~54 岁对照组的职业分布做描述分析(表 5-5)。在所有 20~54 岁被调查者中,党政事业单位一般工作人员比例最大,占 16.8%;各类专业技术人员和公司职员的比例相当,分别为 14.6% 和 14.4%;工人的比例为

9.9%;个体经商者和商业服务人员比例分别为8.4%和8.1%;学生和党政事业单位负责人比例相当,分别为6.9%和6.3%。

表5-5　20~54岁对照组职业分布情况

职业	频率	百分比	有效百分比	累积百分比
党政事业单位负责人	21	6.3	6.3	6.3
党政事业单位一般工作人员	56	16.8	16.8	23.1
各类专业技术人员	49	14.6	14.6	37.7
学生	23	6.9	6.9	44.6
公司职员	48	14.4	14.4	59.0
商业服务人员	27	8.1	8.1	67.1
个体经商者	28	8.4	8.4	75.5
工人	33	9.9	9.9	85.4
其他	49	14.6	14.6	100.0
合计	334	100.0	100.0	

5. 收入水平

在所有对照组样本中,从收入水平的角度来看,主要分为两类,20岁及以下的被调查者由于多为在校学生,因此将此年龄组的收入水平题项设置为家庭月平均可支配收入,20~54岁年龄组调查的收入水平是个人月平均收入。20~54岁年龄组个人月平均收入分布见表5-6。

在20~54岁年龄组中,个人月平均收入多集中在2 000~3 999元和4 000~5 999元,比例分别为26.3%和24.9%;个人月平均收入在2 000元以下的比例为14%;6 000元及以上的比例相对都比较小,其中6 000~7 999元、8 000~9 999元和10 000元以上比例分别为11.1%、10.5%和12.0%。

表 5-6　20~54 岁年龄组个人月平均收入分布情况

收入	频率	百分比	有效百分比	累积百分比
2 000 元以下	47	14.0	14.0	14.0
2 000~3 999 元	88	26.3	26.3	40.3
4 000~5 999 元	83	24.9	24.9	65.2
6 000~7 999 元	37	11.1	11.1	76.3
8 000~9 999 元	35	10.5	10.5	86.8
10 000 元以上	40	12.0	12.0	98.8
缺失值	4	1.2	1.2	100.0
合计	334	100.0	100.0	

20 岁及以下年龄组家庭月平均可支配收入分布见表 5-7，家庭月平均可支配收入多集中在 2000~4 999 元，比例为 27.6%；其次是 8 000~9 999 元的被调查者，占 23.5%；5 000~7 999 元的被调查者比例占 19.4%。

表 5-7　20 岁及以下对照组家庭月可支配收入分布情况

	频率	百分比	有效百分比	累积百分比
2 000 元以下	11	11.2	11.2	11.2
2 000~4 999 元	27	27.6	27.6	38.8
5 000~7 999 元	19	19.4	19.4	58.2
8 000~9 999 元	23	23.5	23.5	81.7
10 000~12 999 元	10	10.2	10.2	91.9
13 000~14 999 元	6	6.1	6.1	98
缺失值	2	2.0	2.0	100.0
合计	98	100.0	100.0	

5.3　人口统计学影响因素分析

5.3.1　研究目标和假设

为系统全面研究老年人的消费行为和消费观念,本文在第 5 章基于西方已有研究和中国本土特色,构建了中国老年人消费行为和消费观念量表,并针对此量表进行了试调查和大规模的实地调查,在已有研究的基础上,老年消费者是否会受到人口统计学因素的影响? 他们在性别、年龄、学历、婚姻状况、工作状况和收入水平方面是否会存在差异? 为了解决这些问题,本节将通过均值比较等方法,来分析老年人的消费行为和消费观念的人口统计学影响因素,研究老年消费者是否会受到性别、年龄、学历、婚姻状况、工作状况和收入水平等因素的影响,并对不同组别存在的消费行为和消费观念的显著差异进行分析,探讨这些差异产生的原因。根据已有文献和实地调查发现,本节主要研究假设如下:

1. 性别因素

根据相关研究,在现今社会,尽管男性的收入明显高于女性,但女性的消费意愿和消费水平却远高于男性。同时,从消费动机来看,女性的消费需求远要比男性更加丰富多彩、主动积极。有研究表明,某些老年女性会展现出较高的社会参与和对流行时尚的关注,半数以上的老年女性感觉自己具有时尚的兴趣,会去时尚女性专卖店购物(Martin,1976)。随着年龄的增长,老年男性对流行时尚的兴趣不断下降,而老年女性却依旧呈现较强的兴趣(the Center for Mature Consumer Studies,1989)。为此,从性别因素角度,设置以下两个假设:

H5 - 1:和男性比,女性更不易呈现节俭消费行为,女性消费市场更大。

H5 - 2:和男性比,女性老年人更易追求时尚流行,讲究个性。

2. 年龄因素

个体的衰老包括生理和心理的双重衰老，是个体与环境相互作用的复杂现象(Moschis,2992)。有研究表明，个体随着年龄的增长，生理和身体开始逐渐衰老，其思维方式和生活方式的差异也会越来越大，从而造成其消费行为差异更大(Atchley,1987)。同时，已有研究发现，老年人深受节俭等中国传统儒家文化价值观影响，在消费时体现出明显的节俭色彩，且年龄越大的老年人，节俭倾向越明显(刘超,2005)。为此，本文提出以下两个假设：

H5 - 3：老年人年龄越大，消费行为的差异越大。

H5 - 4：老年人年龄越大，节俭消费倾向越明显。

3. 学历因素

现代社会开始关注人的素质和自我价值。一般而言，学历越高的消费者，具有更强的生产能力和支付能力。同时，通过受教育和学习，获得更高层面的价值观，注重自我发展和价值的体现。通过实地调查发现，老年被调查者受教育程度越高，其思想观念较为开放，更容易接受现代消费观念，注重自我价值的体现。因此，从学历因素方面，本文提出以下两个研究假设：

H5 - 5：学历越高的老年人观念越开放，更易追求流行时尚。

H5 - 6：学历越高的老年人，越注重自我发展。

4. 工作状况因素

通过实地调查发现，目前正在工作的老年人，由于尚未离开工作舞台和设计角色，思想观念较为开放，更容易接受新事物和年轻群体的影响，表现出明显的流行时尚倾向，注重对个人价值和自我发展的追求。因此，从工作状况因素方面，本文提出以下两个假设：

H5 - 7：在职的老年人更易追求流行时尚，追求个性。

H5 - 8：在职的老年人更注重自我发展。

5. 收入水平因素

有研究表明,消费者的收入水平与消费行为和消费水平关系密切。收入水平越高的消费者,更注重生活和消费的品质,更多地表现出发展型消费和享受型消费倾向;而收入水平较低的消费者,在消费时表现出更多的节俭消费倾向,对价格较为敏感,同时大多停留在生存型消费层面(Wei Sheng - Chung,2005)。通过实地调查发现,老年人亦如是。因此,从收入水平因素方面,本文提出以下两个假设:

H5 - 9:收入水平越高的老年人,越注重品质,追求流行。

H5 - 10:收入水平越低的老年人,越节俭,对价格越敏感。

5.3.2　研究方法

本研究主要采取均值比较的方法,将不同组别消费行为和价值观均值进行比较,分析我国老年人消费行为和消费观念的人口统计学影响因素,根据已有研究成果,本节将研究老年人的消费是否会受到性别、年龄、学历、婚姻状况、工作状况、收入水平等因素的影响,对不同组别的消费行为和消费观念的显著性差异进行分析,并尝试进一步探讨差异产生的背后原因。

采用 t 检验和方差分析的 F 检验来做两个或多个均值的比较,由于两个独立样本均值的 t 检验,可以采用单因素方差分析来代替,因此本研究所涉及的均值比较一般都采用单因素方差分析的方法来进行。

一般统计学认为,方差分析有两个条件:第一是必须服从正态分布;第二是各组的方差齐性。在进行方差分析之前,需要进行因变量的正态分布和方差齐性检验。有学者认为,在一般情况下,如果研究对象的样本足够大,可以认为总体是服从正态分布或者近似服从正态分布。因此,本研究在进行方差分析时无须检验总体分布的正态性。

方差分析的 F 检验以总体方差齐性为前提。方差齐性检验主要用来比较两组数据的分布的一致性程度如何。如果总体方差为齐性,则可以认

为经过F检验所获得的样本所在总体的平均数存在显著差异，而如果总体方差不齐，则通过F检验所得的显著差异的结果，可能由组内总体方差原因导致。下文将逐一验证。

5.3.3 结果与讨论

1. 性别因素

(1)老年男性与老年女性的消费行为比较

利用方差分析方法来比较老年男性和老年女性的消费行为，首先需要进行方差齐性检验。根据检验结果显示(表5-8)，老年人消费行为量表中八个维度的 P 值均大于0.05[①]，说明均可以采用标准方差分析方法。

表5-8 老年男性与老年女性消费行为的方差齐性检验

	Levene 统计量	df1	df2	显著性
F1 流行时尚行为	0.420	1	304	0.518
F2 自愿节俭行为	1.265	1	304	0.262
F3 消费谨慎性行为	0.071	1	304	0.790
F4 价格感知行为	0.225	1	304	0.636
F5 信息搜寻行为	0.643	1	304	0.423
F6 享受型行为	0.491	1	304	0.484
F7 探索型行为	0.245	1	304	0.621
F8 品牌忠诚行为	1.565	1	304	0.212

从表5-9可以看出，老年男性与老年女性在“自愿节俭行为”维度上，显著性 $P=0.037<0.05$，表明这两个群体的消费者在此维度上存在显著差异，此外，其他维度显著性均大于0.05，均无显著差异。同时，老年男性在“自愿节俭行为”维度上均值得分高于老年女性，由此表明，与老年男性消

① 若无特别说明，本研究所做的统计分析中，显著性水平均取0.05。

费者相比,老年女性消费者在消费行为上更倾向于节俭。

表 5 - 9　老年男性和老年女性消费行为的 ANOVA

		平方和	df	均方	F	显著性
F1 流行时尚行为	组间	0. 084	1	0. 084	0. 084	0. 772
	组内	304. 916	304	1. 003		
	总数	305. 000	305			
F2 自愿节俭行为	组间	4. 347	1	4. 347	4. 395	0. 037
	组内	300. 653	304	0. 989		
	总数	305. 000	305			
F3 消费谨慎性行为	组间	0. 720	1	0. 720	0. 719	0. 397
	组内	304. 280	304	1. 001		
	总数	305. 000	305			
F4 价格感知行为	组间	0. 000	1	0. 000	0. 000	0. 985
	组内	305. 000	304	1. 003		
	总数	305. 000	305			
F5 信息搜寻行为	组间	0. 156	1	0. 156	0. 156	0. 693
	组内	304. 844	304	1. 003		
	总数	305. 000	305			
F6 享受型行为	组间	3. 532	1	3. 532	3. 561	0. 060
	组内	301. 468	304	0. 992		
	总数	305. 000	305			
F7 探索型行为	组间	0. 302	1	0. 302	0. 302	0. 583
	组内	304. 698	304	1. 002		
	总数	305. 000	305			
F8 品牌忠诚行为	组间	0. 008	1	0. 008	0. 008	0. 929
	组内	304. 992	304	1. 003		
	总数	305. 000	305			

这一结果与之前的研究假设 5－1“和男性比,女性更不易呈现节俭消费行为,女性消费市场更大”的结果是不一致的。造成这种现象一方面是由于女性消费水平低,从历史来看,受“三纲五常”等传统文化的影响,我国女性长期以来多处于从属地位,女性的劳动参与率和收入均低于男性,由此造成女性在家庭中的经济地位相对较低。已有研究表明,女性在消费水平和消费支出上均低于男性(朱旭红,2012),限制了女性的自由消费,使其更倾向于节俭;另一方面,由于传统家庭角色的不同,老年女性在消费习惯上也更趋向于节俭。

(2)老年男性和女性消费价值观比较

方差分析之前,先进行方差齐性检验。根据统计结果(表 5－10),老年人消费价值观量表中六个维度的 P 值均大于 0.05,说明均可以采用标准方差分析方法进行分析。

表 5－10　老年人消费观量表方差齐性检验

	Levene 统计量	df1	df2	显著性
f1 发展消费观	0.680	1	305	0.410
f2 节俭消费观	0.032	1	305	0.859
f3 大众消费观	0.008	1	305	0.930
f4 利他主义消费观	0.014	1	305	0.907
f5 现代消费观	0.455	1	305	0.501
f6 成就消费观	0.003	1	305	0.956

表 5－11　老年男性和老年女性消费价值观的 ANOVA

		平方和	df	均方	F	显著性
f1 发展消费观	组间	0.862	1	0.862	0.862	0.354
	组内	305.138	305	1.000		
	总数	306.000	306			

续表

		平方和	df	均方	F	显著性
f2 节俭消费观	组间	3.029	1	3.029	3.049	0.082
	组内	302.971	305	0.993		
	总数	306.000	306			
f3 大众消费观	组间	5.825	1	5.825	5.918	0.016
	组内	300.175	305	0.984		
	总数	306.000	306			
f4 利他主义消费观	组间	1.151	1	1.151	1.152	0.284
	组内	304.849	305	1.000		
	总数	306.000	306			
f5 现代消费观	组间	0.530	1	0.530	0.529	0.468
	组内	305.470	305	1.002		
	总数	306.000	306			
f6 成就消费观	组间	0.743	1	0.743	0.742	0.390
	组内	305.257	305	1.001		
	总数	306.000	306			

根据老年男性和老年女性消费价值观的方差分析结果(表 5－11),男性和女性在“大众消费观”维度上 P 值为 0.016 <0.05,同时,男性得分高于女性,由此说明,与老年男性相比,老年女性更倾向于“大众消费观”。与假设 5－2“和男性比,女性老年人更易追求时尚流行,讲究个性”是不一致的。“大众消费观”主要强调凡事按部就班,安于现状,反映在消费上是随大流,同时认为过日子要长远打算,不能借债度日。“大众消费观”是一种传统消费观,是在强调社会等级和平均主义前提下发展起来的。在中国传统文化中,女性多被描述为从属的、顺从的,因此反映在消费观念上,与男性相比,女性老年人会表现得更倾向于“大众消费观”。

2. 年龄因素

(1)不同年龄组老年人消费行为比较

通过方差齐性检验,结果显示(表 5 - 12),老年人消费行为量表中八个维度的 P 值均大于 0.05,由此说明均可以采用标准方差分析方法进行因素分析。

表 5 - 12 不同年龄组老年人消费行为方差齐性检验

	Levene 统计量	df1	df2	显著性
F1 流行时尚行为	0.843	2	303	0.432
F2 自愿节俭行为	2.506	2	303	0.091
F3 消费谨慎性行为	0.128	2	303	0.880
F4 价格感知行为	2.041	2	303	0.132
F5 信息搜寻行为	2.999	2	303	0.051
F6 享受型行为	0.375	2	303	0.688
F7 探索型行为	0.090	2	303	0.914
F8 品牌忠诚行为	0.208	2	303	0.812

从表 5 - 13 可知,不同年龄组的老年人在消费行为量表八个维度上的显著性均大于 0.05,说明年龄在老年人消费行为八个维度上没有显著差异。这一结果与假设 5 - 3"老年人随年龄增长,消费行为的差异越来越大"的结论是不一致的,其原因主要是个体进入老年期后,由于生理变化,身体开始进入衰老阶段,其活动频率和范围都呈现不断下降趋势。同时,由于其开始逐渐退出社会舞台,其众多的社会角色也开始逐步丧失,原来社会角色的需求,比如与工作相关的应酬、通讯、服装等需求大大降低。加之老年人接受心理逐渐减弱,尤其是高龄老年人,对服饰娱乐休闲等发展型消费需求逐渐变弱,其消费需求主要限于饮食、医疗、生活照料等方面,消费的同质性越来越强,因此老年人随年龄增长,消费行为差异性并不会逐渐加深。

表 5-13　不同年龄组老年人消费行为的 ANOVA

		平方和	df	均方	F	显著性
F1 流行时尚行为	组间	3.482	2	1.741	1.749	0.176
	组内	301.518	303	0.995		
	总数	305.000	305			
F2 自愿节俭行为	组间	0.803	2	0.401	0.400	0.671
	组内	304.197	303	1.004		
	总数	305.000	305			
F3 消费谨慎性行为	组间	0.635	2	0.317	0.316	0.729
	组内	304.365	303	1.005		
	总数	305.000	305			
F4 价格感知行为	组间	2.072	2	1.036	1.036	0.356
	组内	302.928	303	1.000		
	总数	305.000	305			
F5 信息搜寻行为	组间	3.291	2	1.645	1.652	0.193
	组内	301.709	303	0.996		
	总数	305.000	305			
F6 享受型行为	组间	1.032	2	0.516	0.514	0.599
	组内	303.968	303	1.003		
	总数	305.000	305			
F7 探索型行为	组间	2.013	2	1.007	1.007	0.367
	组内	302.987	303	1.000		
	总数	305.000	305			
F8 品牌忠诚行为	组间	0.116	2	0.058	0.057	0.944
	组内	304.884	303	1.006		
	总数	305.000	305			

(2)不同年龄组老年人消费价值观比较

方差齐性检验结果(表5-14)显示,老年人消费价值观量表中六个维度上,“大众消费观”维度上的 P 值为 0.007 < 0.05,未通过检验,应当采取稳健的估计方法 Brown - Forsythe 来进行均值比较,其他维度可以采用标准方差方法进行分析。如表5-15所示,不同年龄老年人大众消费观的均值相等性 Robust test 显著性为 0.332,大于 0.05,故在“大众消费观”维度上不存在显著差异。

表5-14 不同年龄组老年人消费价值观方差齐性检验

	Levene 统计量	df1	df2	显著性
f1 发展消费观	2.357	2	304	0.096
f2 大众消费观	5.031	2	304	0.007
f3 现代消费观	0.075	2	304	0.928
f4 节俭消费观	1.529	2	304	0.218
f5 利他主义消费观	0.713	2	304	0.491
f6 成就消费观	0.095	2	304	0.909

表5-15 不同年龄组老年人的大众消费观均值相等性的 Robust 检验

	统计量[a]	df1	df2	显著性
Brown - Forsythe	1.119	2	72.287	0.332

a. 渐近 F 分布。

根据方差分析结果(表5-16),不同年龄组的老年消费者在“节俭消费观”维度上 P 值为 0.039 < 0.05,说明在此维度上不同年龄的老年人有显著差异。在均值比较上(图5-1),整体呈现出随年龄增加,节俭消费观维度均值得分递减的趋势,其中65~74岁年龄组得分最低,55~64岁年龄组得分最高,即65~74岁间的老年人在消费时更倾向于节俭,而年轻的老年

人(55～64 岁)则相反。这一结果与假设 5－4“老年人年龄越大,越呈现出节俭的消费倾向”的结论是一致的。这种现象一方面与其生活背景和经历有关,与年轻(55～64 岁)老年人相比,65～74 岁老年人身上具有较深的传统的节俭观念,另一方面与本身经济条件有关,年轻的老年人中许多由于在职或仍有劳动能力,收入水平相对较高,因此会表现出与节俭消费观相反的消费倾向。

表 5－16　不同年龄组老年人消费观的 ANOVA

		平方和	df	均方	F	显著性
f1 发展消费观	组间	3.633	2	1.817	1.827	0.163
	组内	302.367	304	0.995		
	总数	306.000	306			
f3 现代消费观	组间	0.084	2	0.042	0.042	0.959
	组内	305.916	304	1.006		
	总数	306.000	306			
f4 节俭消费观	组间	6.445	2	3.223	3.270	0.039
	组内	299.555	304	0.985		
	总数	306.000	306			
f5 利他主义消费观	组间	0.567	2	0.283	0.282	0.754
	组内	305.433	304	1.005		
	总数	306.000	306			
f6 成就消费观	组间	0.811	2	0.406	0.404	0.668
	组内	305.189	304	1.004		
	总数	306.000	306			

3. 学历因素

(1)不同学历老年人消费行为比较

方差齐性检验结果(表 5－17)显示,老年人消费行为量表中八个维度上,“消费谨慎性行为”维度上的 P 值为 0.020 小于 0.05,未通过检验,应当

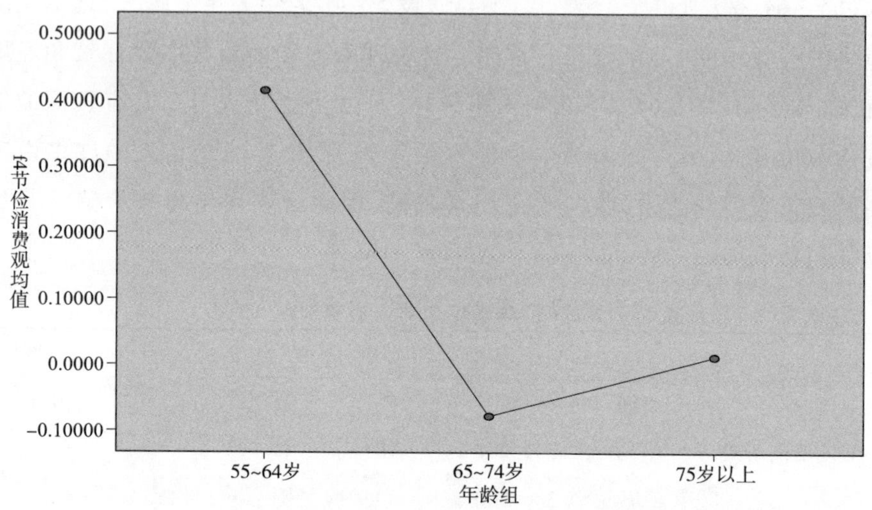

图 5-1　不同年龄组老年人在节俭消费观维度得分均值图

采取稳健的估计方法 Brown - Forsythe 来进行均值比较,其他维度可以采用标准方差方法进行分析。如表 5-18 所示,不同学历的老年人消费谨慎性行为的均值相等性 Robust test 显著性为 0.193,大于 0.05,故在“消费谨慎性行为”维度上不存在显著差异。

表 5-17　不同学历老年人消费行为方差齐性检验

	Levene 统计量	df1	df2	显著性
F1 流行时尚行为	2.009	6	299	0.064
F2 自愿节俭行为	1.949	6	299	0.098
F3 消费谨慎性行为	2.548	6	299	0.020
F4 价格感知行为	1.770	6	299	0.105
F5 信息搜寻行为	0.995	6	299	0.429
F6 享受型行为	0.783	6	299	0.584
F7 探索型行为	0.699	6	299	0.651
F8 品牌忠诚行为	0.999	6	299	0.426

表 5－18　不同学历老年人消费谨慎性行为均值相等性的 Robust 检验

	统计量[a]	df1	df2	显著性
Brown－Forsythe	1.497	6	67.104	0.193

a. 渐近 F 分布。

从表 5－19 可以看出，不同学历水平的老年消费者在“流行时尚行为”和“自愿节俭行为”维度的显著性分别为 0.000 和 0.004，均小于 0.05，表明不同学历水平的老年消费者在这两个维度上存在显著差异，其他维度显著性均大于 0.05，不存在显著差异。

表 5－19　不同学历老年人消费行为 ANOVA

		平方和	df	均方	F	显著性
F1 流行时尚行为	组间	28.062	6	4.677	5.050	0.000
	组内	276.938	299	0.926		
	总数	305.000	305			
F2 自愿节俭行为	组间	19.017	6	3.169	3.314	0.004
	组内	285.983	299	0.956		
	总数	305.000	305			
F4 价格感知行为	组间	6.846	6	1.141	1.144	0.337
	组内	298.154	299	0.997		
	总数	305.000	305			
F5 信息搜寻行为	组间	1.412	6	0.235	0.232	0.966
	组内	303.588	299	1.015		
	总数	305.000	305			
F6 享受型行为	组间	4.876	6	0.813	0.810	0.563
	组内	300.124	299	1.004		
	总数	305.000	305			

续表

		平方和	df	均方	F	显著性
F7 探索型行为	组间	3.684	6	0.614	0.609	0.723
	组内	301.316	299	1.008		
	总数	305.000	305			
F8 品牌忠诚行为	组间	4.155	6	0.692	0.688	0.659
	组内	300.845	299	1.006		
	总数	305.000	305			

通过统计分析可知(图 5 -2),在“流行时尚行为”维度上,总体的趋势是随学历的提高,均值得分不断递减,其中学历为“私塾”的老年被调查者得分最高,学历为“本科及以上”的老年被调查者得分最低。这说明,学历越高的老年人在消费时越倾向流行时尚,反之亦然。与假设 5 -5“学历越高的老年人观念越开放,追求流行时尚”是一致的。

这种现象很好理解,学历越高的消费者,具有更强的生产能力和支付能力。同时,通过受教育和学习,他们获得更高层面的价值观,注重自我发展和价值的体现。接受的教育程度越高,他们思想观念较为开放,更容易接受新事物,体现在消费行为上容易接受新鲜时尚的商品和服务。

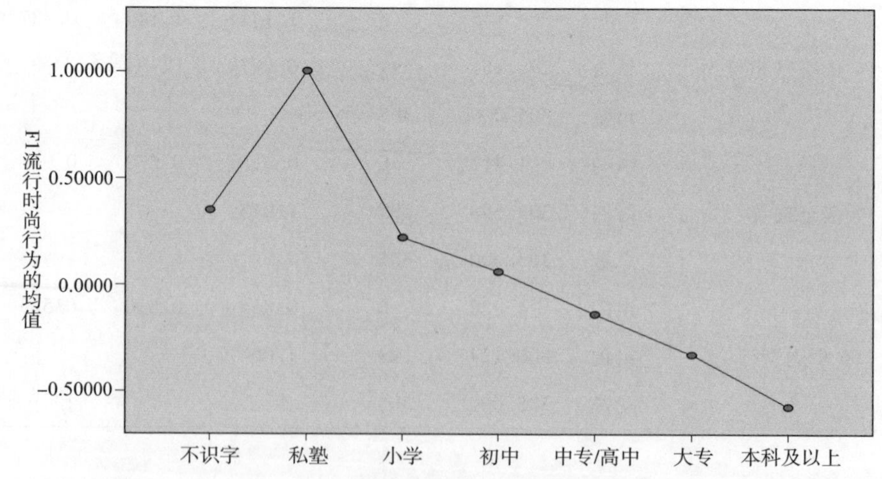

图 5 -2　不同学历水平老年人在流行时尚行为维度得分均值图

在“自愿节俭行为”维度的均值得分呈现不规则“M”型，见图 5-3，总的来看，学历较高，此维度得分较高，且在学历为“大专”的群体中得分最高，学历为“本科及以上”的群体次之，表明学历较低的老年消费者在消费观念上更较易节俭。

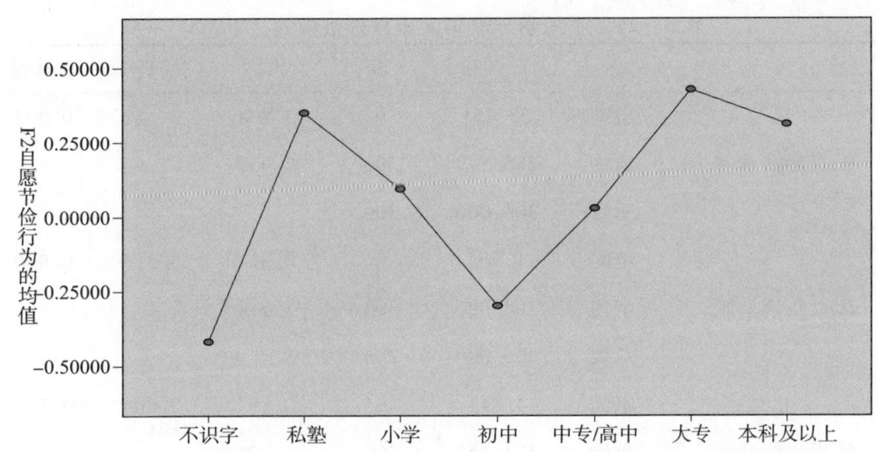

图 5-3　不同学历水平的老年人在自愿节俭行为维度的得分均值图

(2)不同学历老年人消费价值观比较

方差齐性检验结果(表 5-20)显示，老年人消费价值观量表中 6 个维度的 P 值均大于 0.05，说明均可以采用标准方差分析方法。

表 5-20　不同学历老年人消费价值观方差齐性检验

	Levene 统计量	df1	df2	显著性
f1 发展消费观	1.701	6	300	0.120
f2 大众消费观	1.343	6	300	0.238
f3 现代消费观	1.732	6	300	0.113
f4 节俭消费观	0.575	6	300	0.750
f5 利他主义消费观	0.343	6	300	0.914
f6 成就消费观	1.293	6	300	0.260

从表5－21可以看出，从消费价值观角度来看，不同学历水平的老年消费者在“发展消费观”维度上，显著性为0.002＜0.05，表明不同学历水平的老年消费者的消费价值观在发展消费观上存在显著差异。其他维度显著性均大于0.05。

表5－21　不同学历老年人消费价值观的ANOVA

		平方和	df	均方	F	显著性
f1 发展消费观	组间	20.451	6	3.408	3.581	0.002
	组内	285.549	300	0.952		
	总数	306.000	306			
f2 大众消费观	组间	1.904	6	0.317	0.313	0.930
	组内	304.096	300	1.014		
	总数	306.000	306			
f3 现代消费观	组间	4.841	6	0.807	0.804	0.568
	组内	301.159	300	1.004		
	总数	306.000	306			
f4 节俭消费观	组间	10.445	6	1.741	1.767	0.106
	组内	295.555	300	0.985		
	总数	306.000	306			
f5 利他主义消费观	组间	3.181	6	0.530	0.525	0.789
	组内	302.819	300	1.009		
	总数	306.000	306			
f6 成就消费观	组间	10.522	6	1.754	1.781	0.103
	组内	295.478	300	0.985		
	总数	306.000	306			

由图5－4可知，在“发展消费观”维度上，总的趋势是，学历越高，此维度得分越低。学历为“大专”的老年群体得分最低，不识字的老年群体得分最高，由此表明，学历越高的老年消费者在消费观念上越倾向于“发展消费观”。与假设

5－6“老年人学历越高，越注重自我发展”的结论是一致的。受教育水平高的老年人，较易接受先进思想的影响，注重自我发展和完善，更讲究个性。

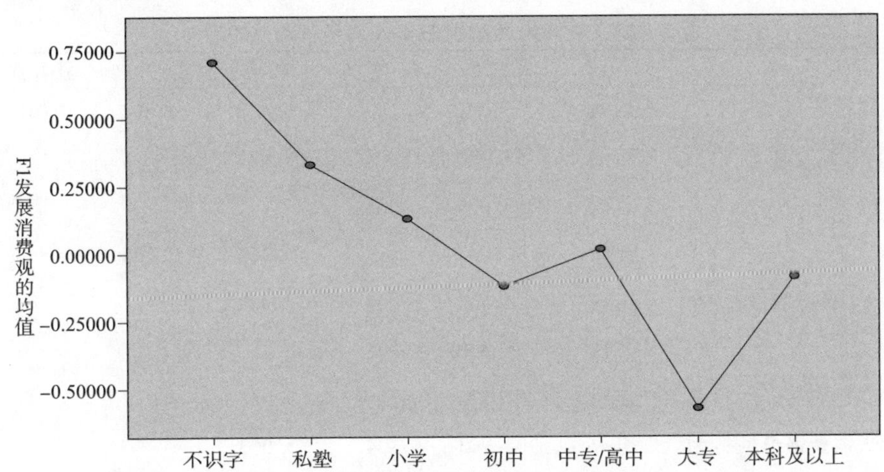

图 5－4　不同学历水平老年人在发展消费观维度得分均值图

4. 婚姻状况因素

(1)不同婚姻状况老年人消费行为比较

方差齐性检验结果(表 5－22)显示，老年人消费行为量表中 8 个维度的 P 值均大于 0.05，说明均可以采用标准方差分析方法。

表 5－22　不同婚姻状况老年人消费行为方差齐性检验

	Levene 统计量	df1	df2	显著性
F1 流行时尚行为	0.300	1	304	0.585
F2 自愿节俭行为	1.196	1	304	0.275
F3 消费谨慎性行为	0.086	1	304	0.769
F4 价格感知行为	0.642	1	304	0.424
F5 信息搜寻行为	1.169	1	304	0.280
F6 享受型行为	1.884	1	304	0.171
F7 探索型行为	0.108	1	304	0.743
F8 品牌忠诚行为	0.390	1	304	0.533

从表 5－23 可以看出，不同婚姻状况的老年消费者在“流行时尚行为”维

度的显著性为0.010 <0.05,表明不同婚姻状况的老年消费者在“流行时尚行为”维度上存在显著差异。其他维度显著性均大于0.05,表明无显著差异。

表5-23　不同婚姻状况老年人消费行为 ANOVA

		平方和	df	均方	F	显著性
F1 流行时尚行为	组间	6.570	1	6.570	6.692	0.010
	组内	298.430	304	0.982		
	总数	305.000	305			
F2 自愿节俭行为	组间	0.364	1	0.364	0.363	0.547
	组内	304.636	304	1.002		
	总数	305.000	305			
F3 消费谨慎性行为	组间	0.037	1	0.037	0.037	0.847
	组内	304.963	304	1.003		
	总数	305.000	305			
F4 价格感知行为	组间	0.989	1	0.989	0.989	0.321
	组内	304.011	304	1.000		
	总数	305.000	305			
F5 信息搜寻行为	组间	0.089	1	0.089	0.089	0.765
	组内	304.911	304	1.003		
	总数	305.000	305			
F6 享受型行为	组间	1.483	1	1.483	1.485	0.224
	组内	303.517	304	0.998		
	总数	305.000	305			
F7 探索型行为	组间	2.129	1	2.129	2.136	0.145
	组内	302.871	304	0.996		
	总数	305.000	305			
F8 品牌忠诚行为	组间	0.126	1	0.126	0.125	0.724
	组内	304.874	304	1.003		
	总数	305.000	305			

(2)不同婚姻状况老年人消费价值观比较

方差齐性检验结果(表 5 - 24)显示,老年人消费价值观量表中 6 个维度的 P 值均大于 0.05,说明均可以采用标准方差分析方法。

表 5 - 24　不同婚姻状况老年人消费价值观方差齐性检验

	Levene 统计量	df1	df2	显著性
f1 发展消费观	0.823	1	305	0.365
f2 大众消费观	0.232	1	305	0.631
f3 现代消费观	0.381	1	305	0.538
f4 节俭消费观	1.242	1	305	0.104
f5 利他主义消费观	0.449	1	305	0.503
f6 成就消费观	0.009	1	305	0.925

从表 5 - 25 可以看出,从消费价值观角度来看,不同婚姻状况的老年消费者在“发展消费观”和“节俭消费观”维度上的显著性分别为 0.003 和 0.030,均小于 0.05,表明不同婚姻状况的老年消费者在“发展消费观”和“节俭消费观”维度上存在显著差异。其他维度显著性均大于 0.05。

表 5 - 25　不同婚姻状况老年人消费价值观 ANOVA

		平方和	df	均方	F	显著性
f1 发展消费观	组间	8.987	1	8.987	9.229	0.003
	组内	297.013	305	0.974		
	总数	306.000	306			
f2 大众消费观	组间	0.735	1	0.735	0.734	0.392
	组内	305.265	305	1.001		
	总数	306.000	306			
f3 现代消费观	组间	0.060	1	0.060	0.060	0.807
	组内	305.940	305	1.003		
	总数	306.000	306			
f4 节俭消费观	组间	4.673	1	4.673	4.730	0.030
	组内	301.327	305	0.988		
	总数	306.000	306			

续表

		平方和	df	均方	F	显著性
f5 利他主义消费观	组间	0.300	1	0.300	0.299	0.585
	组内	305.700	305	1.002		
	总数	306.000	306			
f6 成就消费观	组间	2.273	1	2.273	2.283	0.132
	组内	303.727	305	0.996		
	总数	306.000	306			

发展消费观维度来看，已婚的老年人均值得分较低，表明已婚的老年人更倾向于“发展消费观”；而在节俭消费观方面，丧偶/离婚/未婚状态的老年人更倾向于节俭。这主要是因为婚姻状态稳定的老年人更有精力和条件去考虑自我发展，而婚姻状态不稳定会直接影响老年人的生活条件，尤其是经济条件，因此这部分老年人更倾向于节俭消费观。

5. 工作状况因素

(1)不同工作状况老年人消费行为比较

方差齐性检验结果(表 5－26)显示，老年人消费行为量表中八个维度的 P 值均大于 0.05，说明均可以采用标准方差分析方法。

表 5－26　不同工作状况老年人消费行为方差齐性检验

	Levene 统计量	df1	df2	显著性
F1 流行时尚行为	1.997	3	302	0.114
F2 自愿节俭行为	0.366	3	302	0.778
F3 消费谨慎性行为	1.175	3	302	0.319
F4 价格感知行为	0.835	3	302	0.475
F5 信息搜寻行为	2.221	3	302	0.086
F6 享受型行为	1.160	3	302	0.325
F7 探索型行为	2.090	3	302	0.102
F8 品牌忠诚行为	1.311	3	302	0.271

从表 5－27 可以看出，不同工作状况的老年消费者在“流行时尚行为”和“消费谨慎性行为”维度的显著性 P 分别为 0.000 和 0.013，均小于 0.05，表明不同工作状况的老年消费者在“流行时尚行为”和“消费谨慎性行为”两个维度上存在显著差异。其他维度显著性均大于 0.05。

表 5－27　不同工作状况老年人消费行为 ANOVA

		平方和	df	均方	F	显著性
F1 流行时尚行为	组间	21.958	3	7.319	7.810	0.000
	组内	283.042	302	0.937		
	总数	305.000	305			
F2 自愿节俭行为	组间	7.270	3	2.423	2.458	0.063
	组内	297.730	302	0.986		
	总数	305.000	305			
F3 消费谨慎性行为	组间	10.613	3	3.538	3.629	0.013
	组内	294.387	302	0.975		
	总数	305.000	305			
F4 价格感知行为	组间	6.044	3	2.015	2.035	0.109
	组内	298.956	302	0.990		
	总数	305.000	305			
F5 信息搜寻行为	组间	6.214	3	2.071	2.094	0.101
	组内	298.786	302	0.989		
	总数	305.000	305			
F6 享受型行为	组间	2.472	3	0.824	0.823	0.482
	组内	302.528	302	1.002		
	总数	305.000	305			
F7 探索型行为	组间	1.469	3	0.490	0.487	0.691
	组内	303.531	302	1.005		
	总数	305.000	305			
F8 品牌忠诚行为	组间	0.293	3	0.098	0.097	0.962
	组内	304.707	302	1.009		
	总数	305.000	305			

“流行时尚行为”维度方面(图 5－5),在职的老年消费者得分最低,从未有过正式工作的老年消费者得分最高,表明在职的老年人在消费时更倾向于追求流行时尚,而从未工作的老年人则相反。这与假设 5－7“正在工作的老年人追求流行时尚,追求个性。”的结论是一致的。根据连续性理论,在职的老年人由于未离开社会舞台和工作圈子,更易保持中年期的个性和生活方式,因而更多地受到周围和社会流行的影响,因此反映在消费上仍追求流行时尚的商品和服务。根据脱离理论,从未工作的老年人长期远离社会,不再担任社会角色,因而见识和眼界都不如工作的老年人开阔,因此距离社会上的流行时尚较远。

在“消费谨慎性”维度上(图 5－6),离、退休后未工作的老年群体得分最高,而在职的老年群体得分最低,表明离、退休后未工作的老年人在消费时更谨慎,而在职的老年人则相反。这主要是由于在职的老年人由于正处于工作状态,对消费购物时间精力有限,因此在购买商品和服务时会出现冲动消费等情况,而离退休的老年人有足够的时间和精力购物消费,可以综合比较,考虑成熟再购买,因此冲动消费和消费后悔的情况较少。

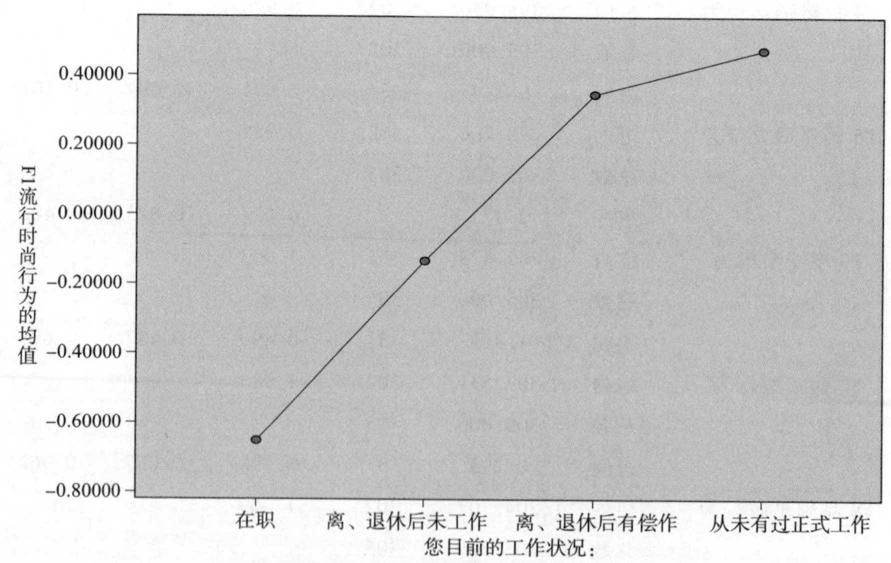

图 5－5　不同工作状况老年人在流行时尚行为维度的得分均值图

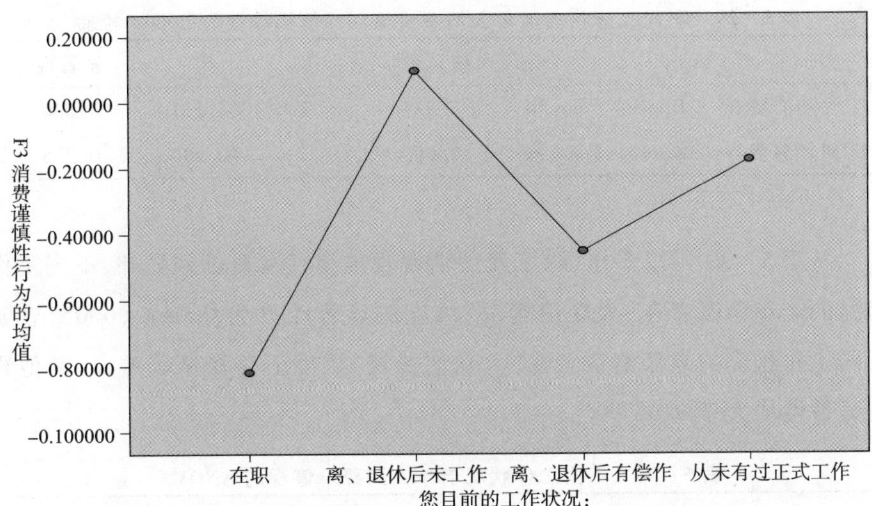

图 5－6　不同工作状况老年人在消费谨慎性行为维度的得分均值图

(2)不同工作状况老年人消费价值观比较

首先检验方差齐性，根据检验结果（表 5－28），消费价值观量表中“发展消费观”和“现代消费观”的 P 值分为 0.007 和 0.023，小于 0.05，未通过检验，比较均值应采取稳健的估计方法 BrownForsythe 进行。如表 5－29 所示，不同工作状况老年人发展消费观的均值相等性的 Robust test 显著性为 0.000，小于 0.05，故在发展消费观维度存在显著差异；现代消费观显著性为 0.235，大于 0.05，故在现代消费观维度上不存在显著差异。

表 5－28　不同工作状况老年人消费价值观方差齐性检验

	Levene 统计量	df1	df2	显著性
f1 发展消费观	4.129	3	303	0.007
f2 大众消费观	3.230	3	303	0.558
f3 现代消费观	0.691	3	303	0.023
f4 节俭消费观	0.135	3	303	0.939
f5 利他主义消费观	0.320	3	303	0.811
f6 成就消费观	0.334	3	303	0.801

表 5－29　不同工作状况老年人消费价值观均值相等性的 Robust 检验

		统计量[a]	df1	df2	显著性
f1 发展消费观	Brown－Forsythe	7.527	3	84.511	0.000
f2 现代消费观	Brown－Forsythe	1.653	3	10.790	0.235

a. 渐近 F 分布。

从表 5－30 可以看出，除了发展消费观维度存在显著差异外，不同工作状况的老年消费者在“大众消费观”维度的显著性 P 为 0.044 <0.05，表明不同工作状况的老年消费者在“大众消费观”维度上存在显著差异，其他维度显著性均大于 0.05。

表 5－30　不同工作状况老年人消费价值观的 ANOVA

		平方和	df	均方	F	显著性
f1 发展消费观	组间	14.220	3	4.740	4.922	0.002
	组内	291.780	303	0.963		
	总数	306.000	306			
f2 大众消费观	组间	8.034	3	2.678	2.723	0.044
	组内	297.966	303	0.983		
	总数	306.000	306			
f3 现代消费观	组间	2.091	3	0.697	0.695	0.556
	组内	303.909	303	1.003		
	总数	306.000	306			
f4 节俭消费观	组间	3.131	3	1.044	1.044	0.373
	组内	302.869	303	1.000		
	总数	306.000	306			
f5 利他主义消费观	组间	6.224	3	2.075	2.097	0.101
	组内	299.776	303	0.989		
	总数	306.000	306			
f6 成就消费观	组间	1.001	3	0.334	0.331	0.803
	组内	304.999	303	1.007		
	总数	306.000	306			

在发展消费观维度方面(图5-7),在职的老年人均值得分最低,其次是离退休后有工作的老年人;从未有正式工作的老年人均值得分最高,其次为离退休未工作的老年人。而大众消费观维度则正相反(图5-8),从未有过正式工作的老年人均值得分最低,其次是离退休后未工作的老年人,在职的老年人均值得分最高,离退休有偿工作的老年人次之,与假设5-8"在职的老年人更注重自我发展"一致。由此表明,在职和离退休有偿工作的老年人更倾向于发展消费观,而从未工作和离退休未工作的老年人则倾向于大众消费观。造成这种状况的主要原因是在职和离退休仍在工作的老年人由于仍未脱离社会和工作舞台,因此更注重自我发展和完善。而未工作的老年人由于长期离开社会,囿于家庭的圈子,观念更为保守,随大流,在自我发展的意识方面要低于仍在工作的老年人。

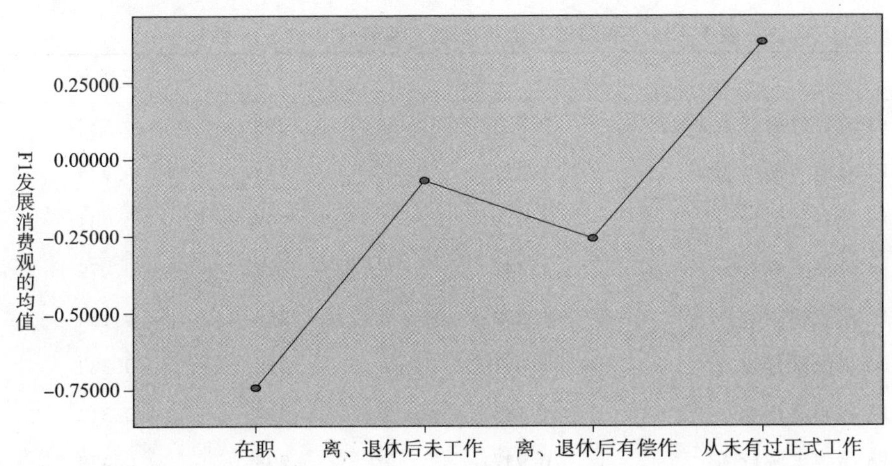

图5-7　不同工作状况老年人在发展消费观维度得分均值图

6. 收入水平因素

(1)不同收入水平老年人消费行为比较

方差齐性检验结果(表5-31)显示,老年人消费行为量表中8个维度的 P 值均大于0.05,说明均可以采用标准方差分析方法。

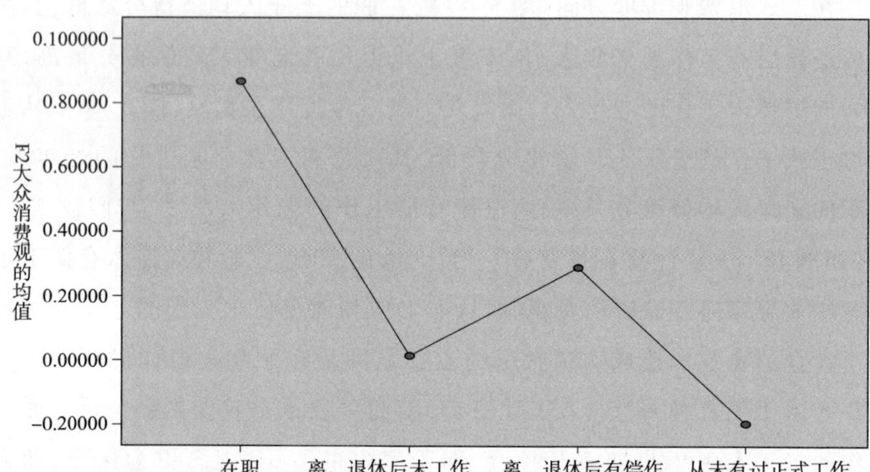

图 5-8 不同工作状况老年人在大众消费观维度得分均值图

表 5-31 不同收入水平老年人消费行为方差齐性检验

	Levene 统计量	df1	df2	显著性
F1 流行时尚行为	0.837	7	298	0.557
F2 自愿节俭行为	1.311	7	298	0.245
F3 消费谨慎性行为	1.319	7	298	0.241
F4 价格感知行为	1.840	7	298	0.079
F5 信息搜寻行为	1.539	7	298	0.154
F6 享受型行为	1.071	7	298	0.382
F7 探索型行为	1.183	7	298	0.312
F8 品牌忠诚行为	0.937	7	298	0.478

根据方差分析结果(表 5-32),不同收入水平的老年消费者在“流行时尚行为”和“价格感知行为”维度上 P 值分别为 0.020 和 0.019,均小于 0.05,说明在“流行时尚行为”和“价格感知行为”维度上不同收入水平的老年人有显著差异。

表 5-32　不同收入水平老年人消费行为 ANOVA

		平方和	df	均方	F	显著性
F1 流行时尚行为	组间	16.439	7	2.348	2.425	0.020
	组内	288.561	298	0.968		
	总数	305.000	305			
F2 自愿节俭行为	组间	2.226	7	0.318	0.313	0.948
	组内	302.774	298	1.016		
	总数	305.000	305			
F3 消费谨慎性行为	组间	6.304	7	0.901	0.899	0.508
	组内	298.696	298	1.002		
	总数	305.000	305			
F4 价格感知行为	组间	16.589	7	2.370	2.449	0.019
	组内	288.411	298	0.968		
	总数	305.000	305			
F5 信息搜寻行为	组间	3.134	7	0.448	0.442	0.875
	组内	301.866	298	1.013		
	总数	305.000	305			
F6 享受型行为	组间	3.892	7	0.556	0.550	0.796
	组内	301.108	298	1.010		
	总数	305.000	305			
F7 探索型行为	组间	4.936	7	0.705	0.700	0.672
	组内	300.064	298	1.007		
	总数	305.000	305			
F8 品牌忠诚行为	组间	5.565	7	0.795	0.791	0.595
	组内	299.435	298	1.005		
	总数	305.000	305			

流行时尚行为维度方面(图 5-9),基本呈现随收入增加得分递减的趋势,得分在家庭月收入 15 000 元及以上的老年人得分最低,而收入较低的群体(1 000元及以下,1 000～1 999 元)较高。这说明,家庭月收入较高的老年人在消费上更倾向于购买“流行时尚”的商品,而家庭收入较低的老年

人则相反。这一结果与假设5－9"收入水平越高的老年人，越注重品质，追求流行"结论相一致。由于流行时尚的商品由于其流行和短时的特性，决定了需要有一定经济条件的老年人才能购买。因此，对于收入较高的老年人，他们更倾向于购买流行时尚的商品，而经济条件差的老年人则相反。

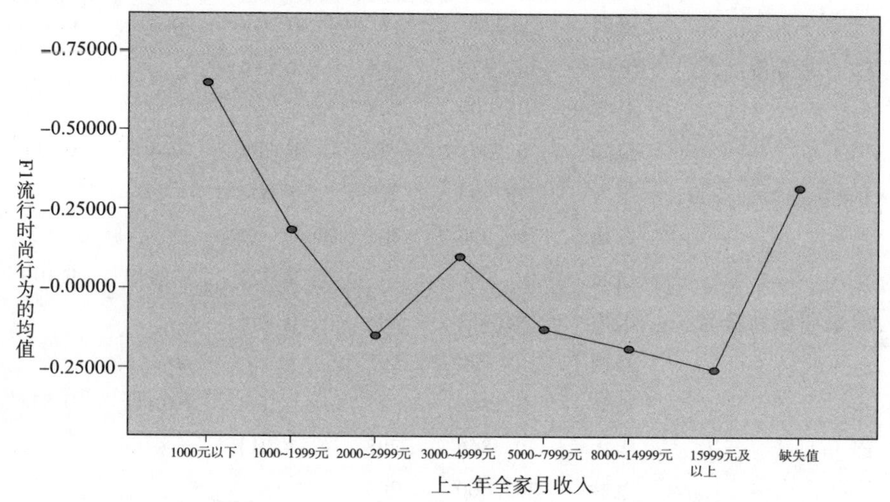

图5－9　不同收入水平老年人在流行时尚行为维度得分均值图

在价格感知维度方面（图5－10），家庭月收入在5 000～7 999元的老年人均值得分最低，1 000～1 999元的老年人均值得分最高。由此说明家庭月收入在5 000～7 999元的老年群体对价格更敏感，而收入较低，或者较高的老年群体对价格反而不太敏感。这与假设5－10"收入水平越低，越节俭，对价格敏感"是不相符的。造成这种现象的原因主要是家庭收入越低的老年人主要的消费均为生活必需品，而按照经济理论，必需品的价格弹性较小，因而造成其对消费的价格并不如收入在中间阶层的群体敏感。收入在中间阶层的老年群体，有一定的经济基础，但与高收入群体相比，又有一定的限制，因此会表现出较为明显的价格感知行为。

（2）不同收入水平老年人消费价值观比较

首先检验方差齐性。根据检验结果（表5－33），消费价值观量表中

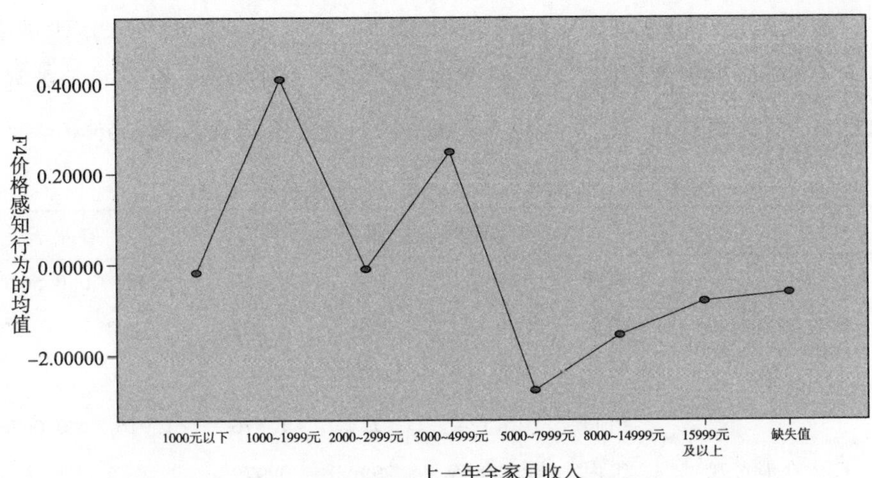

图 5-10 不同收入水平老年人在价格感知行为维度得分均值图

"发展消费观"的 P 值为 0.041，小于 0.05，未通过检验，应采取稳健的估计方法 BrownForsythe 进行均值比较。如表 5-34 所示，不同收入水平老年人在发展消费观的均值相等性的 Robust tests 显著性大于 0.05，故在发展消费观维度不存在显著差异。

表 5-33 不同收入水平老年人消费价值观方差齐性检验

	Levene 统计量	df1	df2	显著性
f1 发展消费观	2.123	7	299	0.041
f2 大众消费观	1.699	7	299	0.109
f3 现代消费观	0.452	7	299	0.868
f4 节俭消费观	1.449	7	299	0.185
f5 利他主义消费观	1.212	7	299	0.296
f6 成就消费观	1.225	7	299	0.289

表 5-34 不同收入水平老年人发展消费观均值相等性的 Robust 检验

	统计量[a]	df1	df2	显著性
Brown - Forsythe	0.781	7	58.068	0.606

a. 渐近 F 分布。

根据消费价值观的方差分析结果（表 5 - 35），不同家庭收入水平的老年人在“节俭消费观”维度上 P 值分别为 0.023，小于 0.05，存在显著差异，表明在“节俭消费观”维度上不同家庭收入的老年人存在显著差异。

表 5 - 35　不同收入水平老年人消费价值观 ANOVA

		平方和	df	均方	F	显著性
f1 发展消费观	组间	6.367	7	0.910	0.908	0.501
	组内	299.633	299	1.002		
	总数	306.000	306			
f2 大众消费观	组间	13.134	7	1.876	1.916	0.067
	组内	292.866	299	0.979		
	总数	306.000	306			
f3 现代消费观	组间	5.127	7	0.732	0.728	0.648
	组内	300.873	299	1.006		
	总数	306.000	306			
f4 节俭消费观	组间	16.041	7	2.292	2.363	0.023
	组内	289.959	299	0.970		
	总数	306.000	306			
f5 利他主义消费观	组间	8.007	7	1.144	1.148	0.333
	组内	297.993	299	0.997		
	总数	306.000	306			
f6 成就消费观	组间	1.959	7	0.280	0.275	0.963
	组内	304.041	299	1.017		
	总数	306.000	306			

通过比较（图 5 - 11）可以看出，家庭月收入在 15 000 元及以上的老年群体在节俭消费观维度得分最高，而收入在 1 000 元以下均值得分最低，即表明收入较低的老年群体的消费观更倾向于节俭，而高收入群体则相反。

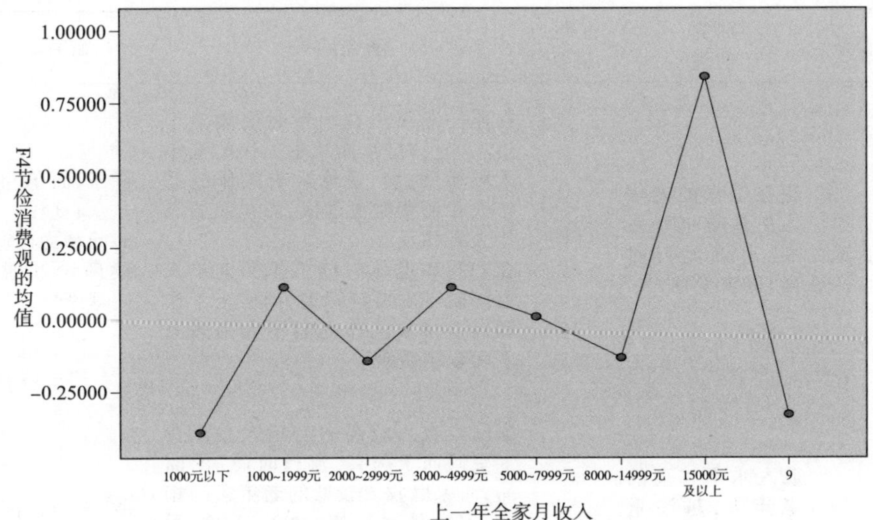

图5-11 不同收入水平的老年人在节俭消费观维度得分均值图

根据上文分析,人口统计学变量影响因素分析结果见表5-36:

表5-36 人口统计学变量影响因素分析结果

变量	研究假设	证明/证伪	研究结果	解释
性别	和男性比,女性消费市场更大; 女性更易追求时尚流行,讲究个性	证伪 证伪	与老年男性消费者相比,老年女性在消费行为上更倾向于节俭 与老年男性相比,老年女性更倾向于"大众消费观"	消费水平和消费习惯 女性传统角色(顺从)
年龄	老年人随年龄增长,消费行为的差异越来越大; 老年人年龄越大,越节俭	证伪 证明	年龄在老年人消费行为八个维度上没有显著差异 中高龄老年人在消费时更倾向于节俭,而年轻的老年人(55~64岁)则相反	接受心理弱,同质性需求强 生活背景与传统观念
学历	学历越高的老年人观念越开放,越注重自我发展,追求流行时尚	证明	学历越高的老年人在消费时越倾向流行时尚,反之亦然;学历越高的老年消费者在消费观念上越倾向于"发展消费观"	思想观念

续表

变量	研究假设	证明/证伪	研究结果	解释
工作状况	正在工作的老年人更注重自我发展，追求流行时尚，追求个性	证明	在职的老年人在消费时更倾向于追求流行时尚，而从未工作的老年人则相反；离、退休后未工作的老年人在消费时更谨慎，而在职的老年人则相反 在职和离退休有偿工作的老年人更倾向于发展消费观；而从未工作和离退休未工作的老年人则倾向于大众消费观	圈子、面子和从众心理； 时间精力（连续理论和脱离理论）
收入水平	收入水平越高的老年人，越注重品质，追求流行；收入水平越低，越节俭，对价格敏感	证明 证伪	家庭月收入较高的老年人在消费上更倾向于购买“流行时尚”的商品，而家庭收入较低的老年人则相反；家庭月收入在5 000～7 999元的老年群体对价格更敏感，收入较高或者较低的老年群体反而不敏感。 收入较低的老年群体的消费观更倾向于节俭，而高收入群体则相反	圈子、经济能力； 生活必需品消费，弹性小

5.4 老年人消费行为与消费观念关系研究

已有文献表明，消费行为与消费观念关系紧密，两者相辅相成。纵观国内外关于消费行为的研究，许多学者都一致认为：消费价值观是影响消费行为的深层次因素，不同消费价值观的消费者所表现出的消费行为是不同的。基于此，本文在中国老年人消费行为和消费观念量表基础上，利用自行实地调查的数据，对老年人的消费行为和消费观念的相关性做了简要分析，相关分析结果见表5－37。

流行时尚行为与发展消费观、大众消费观和现代消费观呈显著相关。其中，与发展消费观和现代消费观呈现正相关关系，与大众消费观呈现负

表 5-37　老年消费行为因子值与消费观念因子值的相关系数矩阵

		F1 流行时尚行为	F2 自愿节俭行为	F3 消费谨慎性行为	F4 价格感知行为	F5 信息搜寻行为	F6 享受型行为	F7 探索型行为	F8 品牌忠诚行为
f1 发展消费观	Pearson 相关性	0.230**	0.062	0.104	0.071	-0.020	-0.188**	0.058	0.182**
	显著性(双侧)	0.000	0.279	0.069	0.215	0.726	0.001	0.315	0.001
	N	306	306	306	306	306	306	306	306
f2 大众消费观	Pearson 相关性	-0.185**	0.117*	0.120*	0.100	0.068	-0.057	-0.015	0.248**
	显著性(双侧)	0.001	0.040	0.036	0.082	0.238	0.318	0.788	0.000
	N	306	306	306	306	306	306	306	306
f3 现代消费观	Pearson 相关性	0.353**	0.064	-0.187**	0.067	0.088	0.031	0.155**	0.056
	显著性(双侧)	0.000	0.263	0.001	0.243	0.126	0.584	0.006	0.329
	N	306	306	306	306	306	306	306	306
f4 节俭消费观	Pearson 相关性	-0.061	0.234**	0.078	-0.016	-0.041	-0.150**	0.043	0.035
	显著性(双侧)	0.287	0.000	0.175	0.774	0.474	0.009	0.456	0.538
	N	306	306	306	306	306	306	306	306
f5 利他主义消费观	Pearson 相关性	0.061	0.091	0.010	0.069	0.009	-0.002	0.035	0.053
	显著性(双侧)	0.286	0.111	0.856	0.227	0.876	0.971	0.545	0.354
	N	306	306	306	306	306	306	306	306
f6 成就消费观	Pearson 相关性	-0.040	0.167**	-0.016	0.101	0.032	-0.045	-0.048	0.038
	显著性(双侧)	0.491	0.003	0.774	0.077	0.576	0.435	0.399	0.505
	N	306	306	306	306	306	306	306	306

**在 0.01(双侧)水平上显著相关

*在 0.05(双侧)水平上显著相关

相关,即越持有发展消费观和现代消费观的老年人,消费行为越呈现出流行时尚倾向,而持大众消费观的老年人则相反。

自愿节俭行为与大众消费观、节俭消费观和成就消费观呈现显著正相关,即越持有大众消费观、节俭消费观、成就消费观的老年人,在消费行为上越呈现出自愿节俭的倾向。

消费谨慎性行为与大众消费观呈正相关,与现代消费观呈负相关,即越持有大众消费观的老年人,消费行为上越谨慎;持现代消费观则相反。

享受型行为与发展消费观和节俭消费观呈负相关,即越持发展消费观和节俭消费观的老年人,越不会表现出享受倾向。

探索型行为与现代消费观呈正相关关系,即越持现代消费观的老年人,越会表现出探索型消费行为的倾向,越容易改变购买物品的品牌,或者依据销量进行消费,而非品牌。

品牌忠诚行为与发展消费观和大众消费观呈正相关,即越持发展消费观和大众消费观的老年人,在消费行为上越看重品牌,习惯购买同一个或者多个品牌。

由以上分析可以看出,消费观和消费行为并不是一对一的关系,可能呈现一果多因或者一因多果的关系,即一种消费行为和多个消费观呈现显著相关,一种消费观跟多个消费行为呈显著相关。社会现象是极其复杂的,社会科学研究亦然。对于老年人消费行为的研究,需要我们从多个角度、多个层面去分析,寻找原因;对于老年人消费价值观的分析,也可以通过对多种消费行为的研究来满足。

5.5 本章小结

本章在中国老年人消费行为和消费观念本土化量表构建基础上,采用问卷调查和深入访谈相结合的方式,进行实地调查。考虑到经济、地域文化、人口结果和消费水平等因素，结合调查人力、物力等条件的限制，本文将调查地选在山东省烟台市，主要研究对象是年龄在 55 岁及以上的老年人口。采用多阶段抽样方法，共回收有效问卷 739 份，其中 55 岁及以上老年组问卷 307 份，54 岁以下对照组问卷 432 份，深入访谈样本 51 份。

在所有老年组样本中，从性别来看，男性和女性的比例基本相当，分别为 47.2% 和 52.8%；年龄分布来看，70 ~ 79 岁年龄组样本数最多，占总样本量的 55.4%；婚姻状况来看，已婚人士占 75.2%；受教育程度来看，中学学历比例最大；工作状况方面，73.6 的被调查者是离退休后未工作状态；收入水平方面，家庭月收入在 5 000 ~ 7 999 元的比例最大，占总样本的 25.1%；身体状况方面，46.3% 的被调查者自评为身体“一般”。

此外，本章利用单因素方差分析方法，系统分析了影响老年人消费行为和消费观念的人口统计学因素，主要表现在以下几个方面；

(1) 性别：与老年男性消费者相比，老年女性消费者在消费行为上更倾向于节俭，在消费观方面更倾向于“大众消费观”。

(2) 年龄：65 ~ 74 岁的老年人在消费时更倾向于节俭；年轻的老年人(55 ~ 64 岁)则表现出相反趋势。

(3) 学历：学历越高的老年人在消费时越倾向流行时尚行为，消费观念上表现为“发展消费观”；学历较低的老年消费者在消费观念上更较易节俭。

(4) 婚姻：已婚的老年人在消费行为上更倾向于流行时尚，消费观念上更倾向于发展消费观；丧偶/离婚/未婚状态的老年人更倾向于节俭消费。

(5) 工作状况：在职的老年人在消费时更倾向于追求流行时尚，更倾向于发展消费观；未工作的老年人在消费时更谨慎，更倾向于大众消费观。

(6) 收入水平：家庭月收入较高的老年人在消费上更倾向于购买“流行时尚”的商品，而家庭收入较低的老年人则相反；家庭月收入在 5 000 ~

7 999元的老年群体对价格更敏感,而收入较低,或者较高的老年群体对价格反而不太敏感。收入较低的老年群体的消费观更倾向于节俭;高收入群体则相反。

第6章 中国城市老年人消费的差异性研究

已有文献提到，在20世纪70年代，对老年人消费研究较为普遍的做法是按照老年人的年龄进行细分，比如可以将老年人分为“低龄老年人”（younger elderly）和“高龄老年人”（older elderly）等（Naugarten & Hagestad，1976），这种分类方法较为简单直观，具有一定的合理性。但在消费市场研究中，年龄仅显示的是出生时间，而并不是一个较为充分的细分要素，仅描述的是一个市场，却未能充分揭示出其隐含的消费动机（Chua，Cote& Leong，1990）。由此，本章主要在中国老年人消费行为和消费价值观量表基础上，根据老年人消费行为和消费观念进行市场细分，横向来研究老年人消费的内部差异性，纵向比较不同世代之间消费者的消费差异性，以期对老年人消费问题做更深入、全面的研究。

6.1 内部差异性

经过前文的分析，可以得到相对较为稳定的老年人消费行为和消费价

值观量表,利用这两个量表,即分别基于老年人消费行为和消费价值观进行市场细分研究。

本节主要采用聚类分析的方法,具体采用系统聚类和K-均值聚类的方法对所有老年人样本进行聚类。

首先,通过系统聚类方法对样本数据进行具体分析,初步决定聚类数目。

其次,通过K-均值聚类方法得出各个类型数目的聚类情况。

第三,通过对比分析,选择适合的聚类数目。

第四,进行聚类分析,根据各类别的特征,为各类别分别取合适的名称。

第五,利用均值比较各类别的因子值得分均值。

最后,比较各类别人口统计变量情况。

6.1.1 基于消费行为的老年市场细分

基于消费行为进行分类,可将老年消费者分为四类:眼花缭乱型、品牌品质型、传统节俭型和时尚享乐型。从构成来看,传统节俭型所占比例最大41.69%;其次是品牌品质型,比例为21.17%;眼花缭乱型比例为20.2%,而时尚享乐型的比例最小16.94%。由此可见,城市老年群体中传统节俭型的老年人仍占相当大比例,这与老年人深受传统文化价值观的影响是分不开的。同时,品牌品质型的老年人比例仅次于传统节俭型。由此说明,在现代社会,单纯的节俭并不是老年人追求的唯一目标,许多老年人已经开始将关注点放在追求品牌和商品的品质方面,消费观念和消费行为开始有所转变。

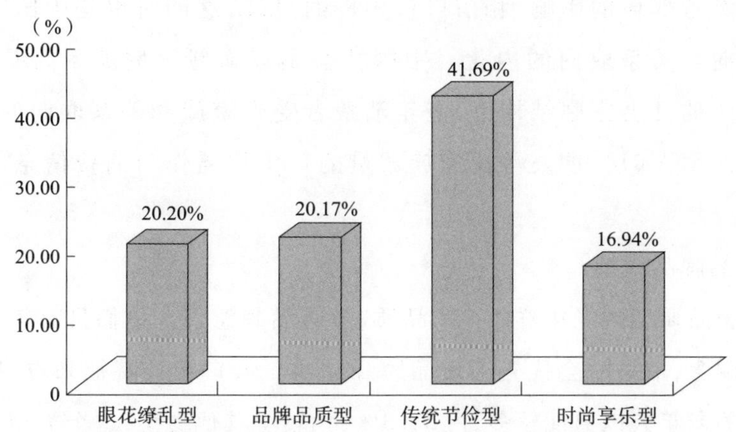

图 6－1　基于消费行为的老年人细分群体比例分布

1. 眼花缭乱型

眼花缭乱型主要指老年人由于现代消费社会海量信息和生理功能衰退等原因，导致处理信息能力下降而导致老年人在消费购物过程中容易受到他人或周围环境影响，或者在消费过程中面对众多品牌而感到困惑。这类消费者女性比例较高(53.2%)；多集中在于 65 岁以上老年人；从受教育程度来看，以小学/初中/中专/高中的比例最高，接受高等教育的老年人比例较低；从婚姻状况来看，已婚比例为 66.1%，明显小于其他类型；从工作状况方面看，从未工作的老年人比例为 27.4%，明显高于品牌品质型(12.3%)和传统节俭型(18.0%)；从家庭月收入方面来看，家庭月收入多集中于 3 000～4 999 元和 5 000～7 999 元；从健康自评情况来看，老年人自评"一般"比例最高，为 46.8%，且高于传统节俭型(42.2%)和时尚享乐型(43.1%)。总的来看，眼花缭乱型的老年人多集中于女性、中高龄、学历低、从未工作比例高、收入较低等人群。

研究发现，在这类老年消费群体的信息来源中，其中超过半数的老人被调查者表示会优先考虑"亲友推荐"。这与西方研究的老年人以大众传媒为主的方式有所差别。在中国，对于老年消费者来说，他们更容

易受到参考群体的影响，相信口口相传的口碑，这同时也是中国特有的家族取向与关系取向的内化。中国社会是以血缘家庭关系为基础的，这种传统的社会家庭结构下，老年消费者受到家族和关系取向的影响，更易将亲属、邻居、朋友等泛家族成员的口头传播作为消费信息的主要渠道。

2. 品牌品质型

品牌品质型的老年群体追求品质、具有品牌意识。他们具有较为先进的消费观念，消费时会优先考虑品牌和品质。人口统计特征来看，追求品牌品质的老年人以男性较多，占52.3%；相较于其他类型，这个类型的老年人年龄结构较为年轻，55～64岁的老年人比例为10.8%，高于眼花缭乱型(8.1%)和时尚享乐型(9.8%)；从受教育程度来看，这部分老年人受教育程度多集中在中专/高中(30.9%)，大专及以上学历比例占33.8%，远高于其他三种类型；从婚姻状况来看，已婚比例为81.5%，也远高于其他三种类型；从工作状况方面看，在职的比例为3.1%，离退休未工作的比例为81.5%，从未有过工作的比例为12.3%；从收入方面来看，品牌品质型老年人高收入比例最高，家庭月收入为15 000元以上的比例为6.2%；从健康角度来看，自评为"一般"和"很差"的比例分别为55.4%和3.1%。总的来看，品牌品质型的老年人多集中在男性。他们一般具有受教育水平高、在职或退休比例高、高收入、身体状况一般等特点。

3. 传统节俭型

传统节俭型，顾名思义，指该类型的老年人身上具有较深的传统观念，强调节俭，是最具中国传统的一个类型。中国传统文化和价值观强调勤奋、节俭和价值意识。一般看来，中国的老年消费者在消费上更加趋于保守。从人口统计特征来看，传统节俭型的老年人多集中在女性，比例占58.6%；从年龄结构来看，与其他三个类型比较，在老年群体的各个年龄段均有较多分布，其中55～64岁比例为10.9%，65～74岁比例为58.6%，75

岁及以上比例达到30.5%，高于品牌品质型和时尚享乐型；受教育程度来看，此类型老年人学历多集中于中专/高中，且文盲比例为10.2%，远高于其他三种类型；工作状况方面来看，跟其他三个类型老年人相比，在职和离退休后有偿工作的比例很低，仅分别为1.6%和3.1%；从收入方面来看，传统节俭型老年人的家庭月收入大致居中，多集中于2 000～2 999元、3 000～4 999元、5 000～7 999元，比例分别为20.3%、21.9%和23.4%；健康情况方面，与其他三个类型相比，健康自评为“很好”的比例最高，为35.2%，高于其他三个类型。总的来看，传统节俭型老年人多集中于女性、学历较低、文盲比例高、在职和离退休有偿工作比例低、收入居中、身体较好且在老年群体各个年龄段均有分布。

4. 时尚享乐型

时尚享乐型的老年人在消费过程中具有较强的娱乐、享受倾向。从人口统计特征来看，时尚享乐型的老年人以男性较多，比例为54.9%；年龄分布多集中于65～74岁，比例达到64.7%，远高于其他三种类型；受教育程度方面，本科及以上学历为9.9%，大专学历为7.9%，大学学历的比例仅次于品牌品质型；工作状况方面，离退休后未工作的比例最大，占73.6%，和其他类型相比，在职和离退休后有偿工作的比例较大，分别为2.0%和6.9%。高于其他三个类型；收入方面，与其他类型相比，此类型的老年人在高收入的分布比例较大，家庭月收入在5 000～7 999元的比例为27.6%，8 000～14 999元的比例为17.7%；健康自评情况看，趋向于两个极端，即自评为“非常好”和“较差”的比例跟其他三个类型相比，都比较高，比例分别为11.8%和9.8%。总的来看，时尚享乐型的老年人多集中在男性、65～74岁、高学历、未工作、中高收入、健康状况趋向两个极端等特点。

表 6-1 基于消费行为的老年人细分群体的描述性统计特征（N=307）

人口统计特征		眼花缭乱型	品牌品质型	传统节俭型	时尚享乐型
性别	男	46.8%	52.3%	41.4%	54.9%
	女	53.2%	47.7%	58.6%	45.1%
年龄	55~64 岁	8.1%	10.8%	10.9%	9.8%
	65~74 岁	53.2%	61.5%	58.6%	64.7%
	75 岁以上	38.7%	27.7%	30.5%	25.5%
受教育程度	不识字	3.2%	1.5%	10.2%	3.9%
	私塾	9.7%	1.5%	0.8%	2.0%
	小学	22.6%	18.5%	18.8%	23.4%
	初中	30.6%	13.8%	27.3%	31.3%
	中专/高中	22.6%	30.9%	28.9%	21.6%
	大专	1.6%	16.9%	7.0%	7.9%
	本科及以上	9.7%	16.9%	7.0%	9.9%
婚姻状况	已婚	66.1%	81.5%	76.6%	74.5%
	丧偶/离婚/未婚	33.9%	18.5%	23.4%	25.5%
工作状况	在职	1.6%	3.1%	1.6%	2.0%
	离、退休后未工作	64.5%	81.5%	77.3%	73.6%
	离、退休后有偿工作	6.5%	3.1%	3.1%	6.9%
	从未有过正式工作	27.4%	12.3%	18.0%	17.5%
家庭月收入	1 000 元以下	3.2%	6.2%	7.8%	3.8%
	1 000~1 999 元	14.5%	10.8%	7.8%	10.7%
	2 000~2 999 元	16.1%	14.8%	20.3%	15.7%
	3 000~4 999 元	22.6%	21.0%	21.9%	17.6%
	5 000~7 999 元	32.3%	28.7%	23.4%	27.6%
	8 000~14 999 元	9.7%	12.3%	14.1%	17.7%
	15 000 元及以上	1.6%	6.2%	4.7%	6.9%

续表

人口统计特征		眼花缭乱型	品牌品质型	传统节俭型	时尚享乐型
健康自评	非常好	9.7%	7.7%	12.5%	11.8%
	很好	33.8%	29.2%	35.2%	31.4%
	一般	46.8%	55.4%	42.1%	45.0%
	比较差	9.7%	4.6%	8.6%	9.8%
	很差	0%	3.1%	1.6%	2.0%

6.1.2　基于消费观念的老年市场细分

基于消费观念的 6 个因子作为细分变量，利用聚类分析，可以划分出两个具有确切特征的老年消费者类型：传统型和现代型。其中，传统型比例为 55.7%，而现代型比例为 44.3%。由此可以看出，在目前城市老年人群体，持传统消费观念的老年人仍占多数。

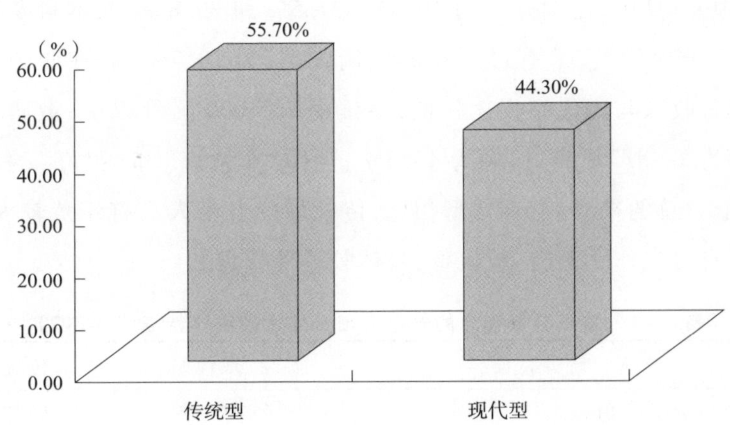

图 6-2　基于消费观念的老年人细分群体比例分布

1. 现代型

现代型指具有现代消费观念的老年人群体，从人口统计特征来看，女性多于男性；与传统型相比，现代型老年人较为年轻，55～64 岁的老年人比例为19.6%，高于传统型的10.5%，75岁及以上比例低于传统型；受教育程度方面，学历在本科及以上比例比传统型高，大专学历比例为9.6%，高于传统型的6.4%，本科及以上比例为11.0%，高于传统型的7.6%；工作状况方面，在职和离退休比例均高于传统型；家庭月收入多集中于5 000元及以上，其中5 000～7 999元、8 000～14 999元和15 000元及以上比例分别为26.5%、16.6%和8.1%，均高于传统型；健康状况来看，健康自评为“非常好”和“很好”的比例为17.4%和36.6%，均高于传统型。总体来看，现代型老年群体的特征是：更年轻，文化程度较高，在职和离退休比例较高，收入较高，健康程度较好。

2. 传统型

传统型是指具有中国传统消费观念的老年群体。人口统计特征来看，传统型老年人年龄多集中在65～74岁，比例为62.0%，75岁及以上的老年人比例为27.5%，明显高于现代性；受教育程度来看，学历多集中于小学、初中和中专/高中，比例分别为19.9%、27.5%和29.8%，而本科及以上的比例远低于现代型；未有过工作的比例较高，为18.7%，而在职的比例较低；家庭月收入与现代型相比较低，多集中于5 000元及以下；健康自评方面，自评为“一般”最高，比例为43.3%，身体“非常好”和“很好”的比例比现代型低。总的来看，与现代型相比，传统型的老年人具有年龄较大，学历较低，未有过工作比例高，收入低，身体较差等特点。

表6－2　基于消费观念的老年人细分描述性统计特征（N＝307）

人口统计特征		现代型	传统型
性别	男	45.6%	48.5%
	女	54.4%	51.5%
年龄	55～64岁	19.6%	10.5%
	65～74岁	55.1%	62.0%
	75岁以上	25.3%	27.5%

续表

人口统计特征		现代型	传统型
受教育程度	不识字	5.9%	5.9%
	私塾	2.9%	2.9%
	小学	23.5%	19.9%
	初中	23.5%	27.5%
	中专/高中	23.6%	29.8%
	大专	9.6%	6.4%
	本科及以上	11.0%	7.6%
婚姻状况	已婚	72.8%	77.2%
	丧偶/离婚/未婚	27.2%	22.8%
工作状况	在职	3.2%	1.8%
	离、退休后未工作	77.8%	74.4%
	离、退休后有偿工作	6.9%	5.3%
	从未有过正式工作	12.1%	18.7%
家庭月收入	1 000 元以下	8.1%	7.0%
	1 000 ~ 1 999 元	7.4%	14.0%
	2 000 ~ 2 999 元	14.7%	19.3%
	3 000 ~ 4 999 元	18.6%	23.4%
	5 000 ~ 7 999 元	26.5%	24.0%
	8 000 ~ 14 999 元	16.6%	11.1%
	15 000 元及以上	8.1%	1.2%
健康自评	非常好	17.4%	13.5%
	很好	36.6%	33.9%
	一般	35.0%	43.3%
	比较差	8.8%	7.9%
	很差	2.2%	1.4%

6.2 世代差异性

6.2.1 世代的划分

市场细分是从消费行为学研究老年人消费的重要概念,最早是由美国著名经济学家温德尔·史密斯(Wendell R. Smith)在1956年提出来的。市场细分是建立在消费者差异性的基础上,依据某个或者某些特定因素将消费市场分成若干个具体子市场,以便企业更好地制定营销策略。在本研究中,之所以引入消费行为学的这个概念,主要基于以下原因:一方面,按照世代的消费划分本身就是一种按照年龄变量进行的市场细分;另一方面,老年人作为本文的研究目标群体,本身就是一个庞大而复杂的消费群体,其内部存在许多不同的消费类型,需要借助市场细分的方法进行进一步细分,进而有针对性地分析。

从历史发展的脉络来看,中国社会经历了不同的社会历史事件,整个社会经历了从封闭到开放、从贫穷到富裕的历史阶段。在这种大的时代背景下不同世代的人所受的教育、经历的社会事件不同,因此不同世代所形成的价值观、生活态度也存在很大的差异。因此,以出生年代为主要依据而进行的细分方法在一定程度上可以体现出中国人消费行为和消费价值观的特点。本文在总结以往研究成果基础上,结合本文的研究目标,将全体人群划分为六个世代,即传统一代、失落一代、幸运一代、转型一代、独生一代和E世代,如表6-3所示:

(1)传统一代,指出生于1945年及以前的一代人。他们出生于战争年代,成长和生活在新中国成立初期,他们中大部分经历了20世纪前半期的动乱和战争,比如军阀割据、抗日战争、解放战争和新中国成立等重要的社会事件。他们是当代中国消费者里生活阅历和社会经验最丰富的一代。

表 6-3　消费者世代划分

世代	出生时间	样本量（个）	成长背景
传统一代	1945 年及以前	198	早期经历了抗日战争、解放战争以及土改、社会主义等运动，受到马克思主义的深刻影响
失落一代	1946—1959 年	109	成长期经历了“大跃进”和人民公社、饥荒、知识青年上山下乡和“文化大革命”，20 世纪 90 年代部分遭遇下岗，对社会存在失落感
幸运一代	1960—1969 年	114	成长期“文革”结束，高考恢复，毕业后国家分配工作，一批优秀者公费出国
转型一代	1970—1979 年	105	成长早期经历了中国从计划经济向市场经济转型的过程，接受系统专业教育，大学普及，双向择业，社会中坚力量
独生一代	1980—1989 年	105	成长于改革开放大好时期，第一代独生子女、物质生活相对优越；高校扩张，就业形势严峻
E 世代	1990 年以后	108	成长于商品经济蓬勃发展时期，互联网和高科技产品层出不穷，深受西方文化影响

对这一个世代的人来说，他们目睹了旧中国的动荡黑暗和新中国的统一光明。经过这种鲜明的对比，他们大多对改革开放以来的社会进步和发展感触颇深。目前这代人大多 74 岁以上，进入中高龄老年阶段。

(2)失落一代，指出生于 1946—1959 年的一代人。他们中许多都经历了三年自然灾害、“大跃进”“文化大革命”等著名的历史社会事件。20 世纪 90 年代许多人曾经历过下岗的不幸遭遇，对社会有种失落感。对于这个世代的人们来说，共同的特征就是对下一代或者后辈寄托了自己没能实现的梦想。目前这代人普遍在 60 ~ 74 岁，已经或者正在进入老年阶段。

(3)幸运一代，指出生于 1960—1969 年的一代人。不同于前面的世

代,他们并不是完全的理想主义狂热的追求者,而更多的充当着反思者的角色,他们也不同于后面的时代从小享受物质文明。他们中的部分人经历了在20世纪80年代中国思想解放运动,同时也是中国改革开放的生力军。在当今社会,他们与转型一代中的许多成为政治、经济、文化和社会中的精英者。这代人年龄在50~60岁,处于中年阶段。

(4)转型一代,指出生于1970—1979年的一代人。他们成长早期经历了中国从计划经济向市场经济转型的过程,教育和科技开始,蓬勃发展,与之前的世代相比,大学开始普及。他们中许多比较完整地接受了现代系统的专业教育,因此身上具有远超于前面几代人的知识体系和意识形态。同时,与下面的世代相比,他们身上又具有更深刻的中国传统文化价值观。目前这代人是当今社会的中流砥柱和生力军。

(5)独生一代,指出生于1980—1989年的一代人。他们的成长轨迹伴随着中国改革开放以来经济的高速发展,中国成为世界经济体系中的一部分。不同于之前的世代,这个世代的人成长于得天独厚的物质环境,且由于中国开始实行计划生育政策,许多人都是独生子女。他们享受丰富的物质生活,因此其生活环境、价值观、社会责任感都不同于之前的几个世代。这一代目前已经逐渐成熟并作为主力登上社会舞台,扮演重要角色。

(6)E世代,指出生于1990年之后的一代人。与独生一代一样,他们出生和成长都成长于商品经济蓬勃发展时期,享受极其丰富的物质环境。这一时期互联网和高科技产品发展迅速,同时随着中国经济成为世界经济体系的重要部分,他们思想观念深受西方文化影响,价值观和消费行为与之前世代差异更加明显。

6.2.2 世代与消费行为

为了更好地研究不同世代的消费者的消费行为是否存在差异,本章根据以往研究成果和实地调查,提出假设:

H6－1：不同世代的消费者在“流行时尚消费行为”维度上存在显著差异。

H6－2：不同世代的消费者在“自愿节俭消费行为”维度上存在显著差异。

H6－3：不同世代的消费者在“消费谨慎性行为”维度上存在显著差异。

H6－4：不同世代的消费者在“价格感知消费行为”维度上存在显著差异。

H6－5：不同世代的消费者在“信息搜寻消费行为”维度上存在显著差异。

H6－6：不同世代的消费者在“享受型消费行为”维度上存在显著差异。

H6－7：不同世代的消费者在“探索型消费行为”维度上存在显著差异。

H6－8：不同世代的消费者在“品牌忠诚消费行为”维度上存在显著差异。

为了检验以上8个假设，本文采用单因素方差分析（One－Way ANOVA）方法来进行检验。根据前章所述，一般统计学认为，方差分析有两个条件：第一是必须服从正态分布；第二是各组的方差齐性。在进行方差分析之前，需要进行因变量的正态分布和方差齐性检验。

根据表6－4，消费行为的八个维度偏度值都在区间（－1，1）之间，说明服从正态分布。

根据方差齐性检验结果，表6－5中消费行为8个维度的显著性均大于0.05，说明通过方差齐性检验，可以进行方差分析。

表 6-4　消费行为量表偏度统计

		F1 流行时尚行为	F2 自愿节俭行为	F3 消费谨慎性行为	F4 价格感知行为	F5 信息搜寻行为	F6 享受型行为	F7 探索型行为	F8 品牌忠诚行为
N	有效	739	739	739	739	739	739	739	739
	缺失	0	0	0	0	0	0	0	0
偏度		−0.174	0.613	−0.002	0.033	−0.024	−0.195	0.290	−0.052
偏度标准误		0.105	0.105	0.105	0.105	0.105	0.105	0.105	0.105
峰度		0.569	0.544	1.085	0.198	0.598	0.473	1.883	0.311
峰度标准误		0.210	0.210	0.210	0.210	0.210	0.210	0.210	0.210

表 6-5　消费行为量表方差齐性检验

	Levene 统计量	df1	df2	显著性
F1 流行时尚行为	1.032	5	733	0.398
F2 自愿节俭行为	1.934	5	733	0.087
F3 消费谨慎性行为	0.857	5	733	0.510
F4 价格感知行为	0.767	5	733	0.574
F5 信息搜寻行为	0.618	5	733	0.686
F6 享受型行为	2.264	5	733	0.051
F7 探索型行为	1.038	5	733	0.394
F8 品牌忠诚行为	0.906	5	733	0.477

表 6-6　不同世代消费行为的显著性检验

维度	显著性
F1 流行时尚行为	0.000
F2 自愿节俭行为	0.000
F3 消费谨慎型行为	0.045
F4 价格感知行为	0.357
F5 信息搜寻行为	0.196
F6 享受型行为	0.005
F7 探索型行为	0.031
F8 品牌忠诚行为	0.002

流行时尚行为主要指消费者在消费过程中表现出的对流行、时尚商品和服务的追求。从图 6-3 中可以看出，从传统一代到 E 世代，随着年龄的降低，流行时尚行为的维度得分均值呈现不断减少的趋势，传统一代的得分均值最高，E 世代的得分均值最低。这说明，在流行时尚行为维度上，年轻的世代在消费中更易追求流行时尚；作为老年人，年龄较大的传统一代和失落一代对流行时尚行为持反对或谨慎态度。这个结果与之前的研究成果是一致，即相对于年轻人，老年人在消费过程对流行、时尚的商品并不是太看重。造成这种状况的原因与老年人和年轻人的年龄特征有关系。

由于生活背景、思想观念的差异，年轻人观念开放，更容易被新鲜、时尚的商品和服务所吸引。与年轻人相比，老年人思想较为保守，不容易接受新事物，因此在消费过程中不易追求流行时尚。

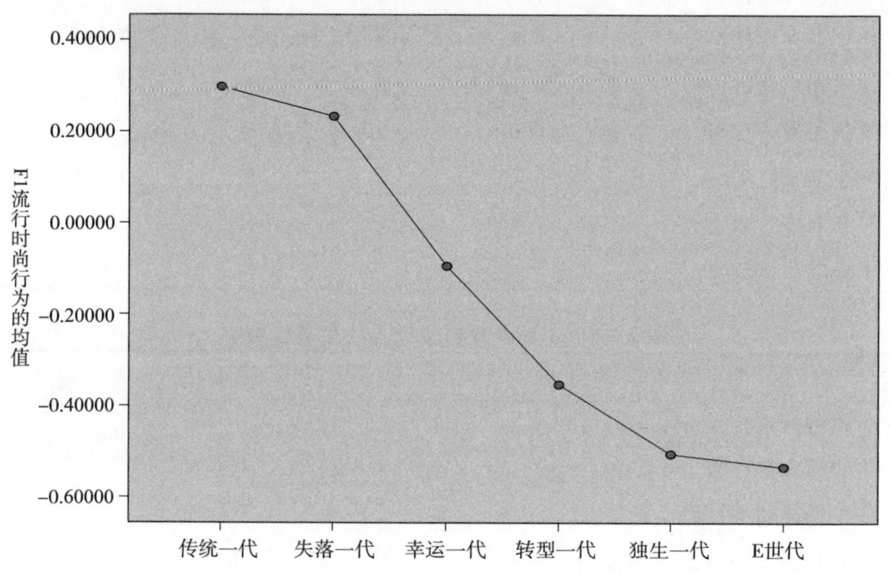

图 6－3　不同世代在流行时尚行为维度的得分均值图

自愿节俭行为主要指消费者尽量简化自己的生活，一般消费较少或者在需要时才进行消费。已有研究表明，自愿简朴行为一般与年龄呈现负相关关系，年龄越大，越呈现自愿简朴行为（Leonard Barton，1981）。由图 6－4 所示，传统一代在自愿节俭行为维度上得分最低，而 E 世代的得分最高。这与之前的研究成果是一致的，即年龄越大的老年人越倾向于节俭，而年龄最小的 E 世代由于生活物质条件相对较好，普遍并不赞成自愿节俭的消费行为。但有意思的是，幸运一代在自愿节俭行为维度上的均值得分仅次于 E 世代，独生一代的得分较低，和失落一代持平。造成这种现象的原因可能与其成长背景和经济条件有关，幸运一代，由于赶上高考恢复，他们中许多成为高考恢复后第一代大学生，毕业后国家包分配，无论教育或是工作上都是比较幸运的一代。加之多年的积累。他们中许多目前已在单位担任领导职务，其子女也已开始成家立业，经济和社会负担相对较小，经济条件较好，因此在消费中并没有考虑太多的经济上的限制；“80 后”虽然成长于物质条件较好的环境，目前已经独立，多数已成家立业，但由于目前高房价、子女抚养负担加大等因素，“80 后”在经济上需要负担较大的压力，因为在消费行为上不得不考虑经济因素，尽量节俭。

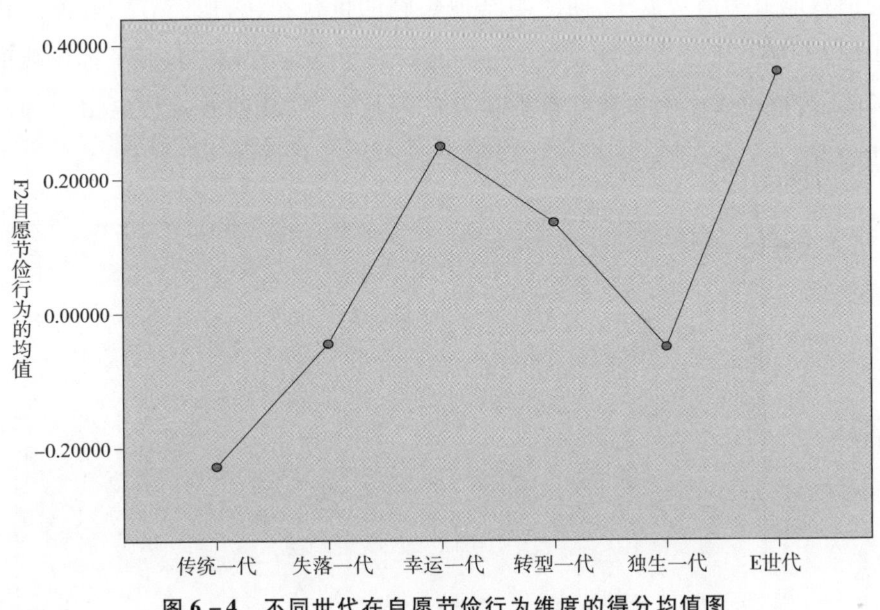

图 6－4　不同世代在自愿节俭行为维度的得分均值图

消费谨慎型行为指消费者在购物过程中尝试新产品的态度，以及是否容易做出品牌转换决策的倾向。通常表现为是否冲动，购物结束后后悔与否等。如图 6－5 所示，总体来看，从传统一代到 E 世代，消费谨慎型行为的均值得分呈现由低到高的总体趋势，其中得分最低的是传统一代，而得分最高的是独生一代，其次是 E 世代。从中可以看出，传统一代的老年人消费中普遍呈现出谨慎的倾向，冲动性消费较少，而独生代、E 世代的年轻人较多地体现出冲动性消费、后悔性消费。这与不同世代人们的性格特质

有关系。老年人大多节俭，谨慎，消费一般都是生活必需品，且会在综合比较，考虑成熟之后才会进行消费，因此冲动性消费较少。而年轻人性格开放，在购物过程中遇到喜欢或是新鲜的产品时，较少考虑其他因素，因此容易发生冲动消费的情况。较为有趣的是，失落一代在消费谨慎型行为维度上均值得分明显高于传统一代和幸运一代。这种现象的原因主要是由于失落一代正处于或者即将进入老年期的群体，他们与传统一代相比有更强的消费能力和消费欲望，同时与其他年轻的世代相比，他们有较好的经济积累，失落一代在消费时表现出更多的对自身身体的关注和对子孙后代的关心，表现出较多的自我补偿性消费和利他消费，在消费时较易出现冲动性消费。

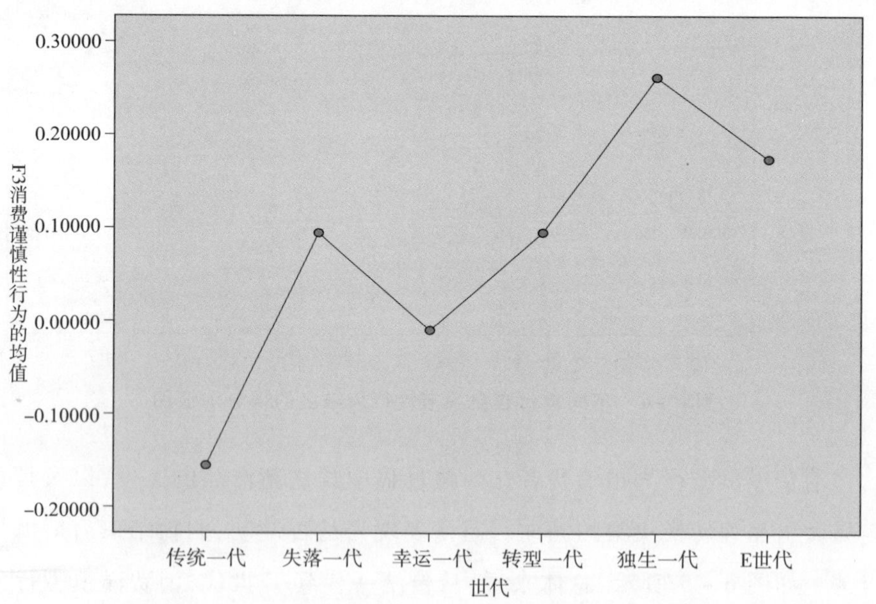

图 6－5　不同世代在消费谨慎型行为维度的得分均值图

孙某，女，62 岁，私营企业退休

“我年轻时就下岗了，后来再就业去了家民营公司，现在一个月 2000

多元退休金。现在儿子成家了。我身体不太好,现在都说养生,我也挺关注的。北京台那个《××堂》节目挺好,我经常看。我们前几天刚买了一套理疗器,一万多元。我们邻居有买的,说挺好,我也买了一套,觉得有点效果。现在岁数大了,身体上的花销避免不了,买这些总比生病吃药好。"

享受型行为一般指消费者在购物过程中表现出享受的态度。由图 6 - 6 可看出,享受型行为维度上均值得分最高的是转型一代,独生一代得分最低,E 世代次之。由此说明,独生一代和 E 世代在购物时普遍持享受态度,而转型一代则相反。造成这种现象主要是由于独生一代和 E 世代年轻群体出生和成长于物质条件极其丰富的当代,在商品经济繁荣的环境下,作为未来消费的主力军,他们大多接受过消费主义的影响,呈现出享受的消费行为。而作为转型一代,他们大多数正处于工作、家庭的双重压力之下,工作繁忙,家庭中"上有老下有小",因此没有过多的时间享受购物。失落一代多数已经退休或者即将退休,相比其他群体,有充足的时间和精力来享受购物,因此仅次于独生代和 E 世代,也表现出一定的享受型消费行为。

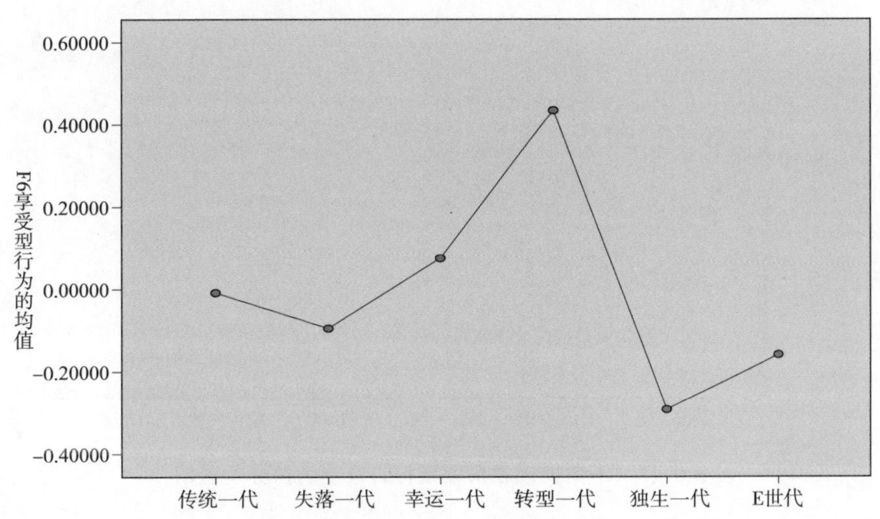

图 6 - 6　不同世代在享受型行为维度的得分均值图

探索型消费行为主要用来测度消费者在消费过程中对消费的创新性和重复性。由图 6－7 可以看出，在探索型消费维度上，总体上呈现出随年龄增长，得分均值不断降低的趋势。其中，独生一代得分均值最高，而失落一代得分最低，即说明失落一代的老年人消费一般会倾向于选择购买销售最好的品牌，同时会经常改变其购买品牌，而独生一代和 E 世代则相反。这与之前的访谈结果相一致，即老年人消费时会较多考虑该品牌产品的销售情况，倾向于购买销售好的产品；年轻人更多的是追求个性化，他们中许多对某一或者某些品牌较为忠诚，不会经常改变自己的品牌喜好。失落一代与其他世代相比，由于自身生活经历和社会历史背景，没有接受过系统专业教育，相较于其后面的世代，反映在消费购物行为上，更容易受到外界的影响而常常改变自己的品牌选择。

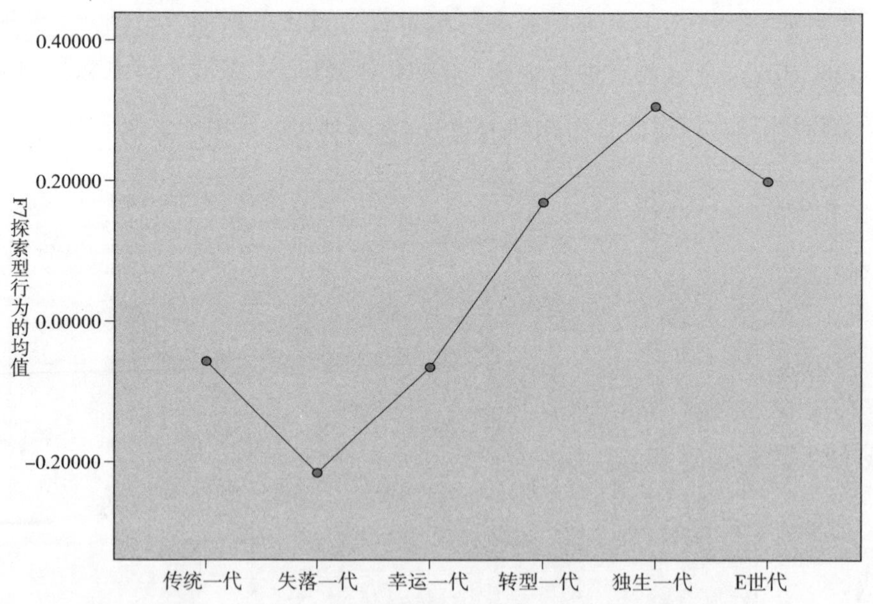

图 6－7　不同世代在探索型行为维度的得分均值图

张某，59 岁，女，事业单位退休

“我买东西也不太讲究牌子，周围朋友或者孩子们说好，我就买。我觉得他们既然说好肯定有道理。我受教育不多，他们跟我讲为什么好，有些我也不太懂，反正听他们的一般都没错。我孩子就不一样，买什么东西都讲牌子，比如洗发水，就买国外那几个牌子，别的牌子从来不看。我觉得没必要。”

品牌忠诚行为主要指消费者在购买决策中，多次表现出来的对某个品牌有偏向性的消费行为。由图6－8所示，品牌忠诚行为维度均值比较图呈现出典型的“M”型，传统一代和E世代得分较低，幸运一代和独生一代得分较高。造成这种现象的原因值得探讨：作为老年群体的传统一代表现出品牌忠诚行为与之前的研究成果相一致，即忠诚是老年人消费者，尤其是中高龄老年人身上特有的标记，这种忠诚的特质会相应地表现在消费过程中的品牌选择上。他们对某种品牌的忠诚大多基于习惯，即对于某一品牌或某几种品牌，有固定的消费习惯和偏好。E世代作为未来的消费力量，也表现出一定的品牌忠诚行为，这与E世代深受消费主义影响有关，他们的品牌忠诚更多的是基于情感和面子。

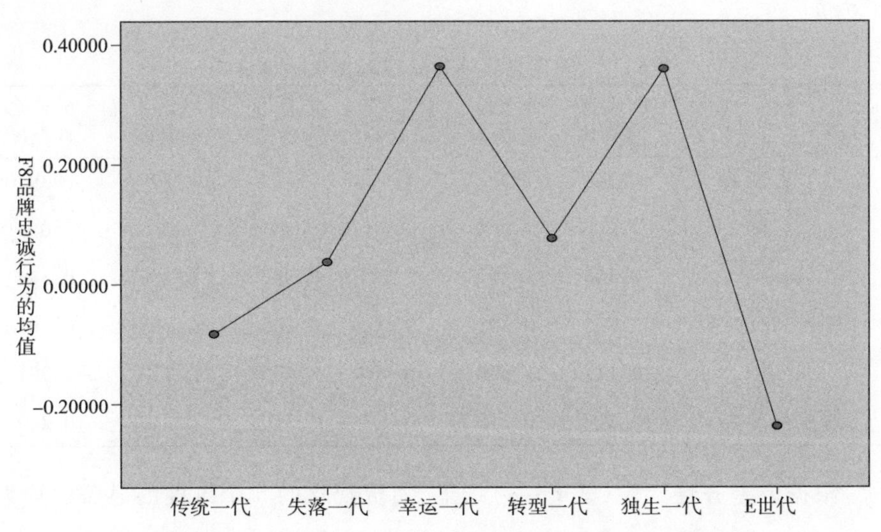

图6－8　不同世代在品牌忠诚行为维度的得分均值图

6.2.3 世代与消费价值观

为了更好地研究不同世代消费者的消费观念是否存在差异，根据以往研究成果和实地调查，提出假设：

H6-9：不同世代的消费者在“发展消费观”维度上存在显著差异。

H6-10：不同世代的消费者在“节俭消费观”维度上存在显著差异。

H6-11：不同世代的消费者在“大众消费观”维度上存在显著差异。

H6-12：不同世代的消费者在“后代消费观”维度上存在显著差异。

H6-13：不同世代的消费者在“现代消费观”维度上存在显著差异。

H6-14：不同世代的消费者在“成就消费观”维度上存在显著差异。

为了检验以上6个假设，本文采用单因素方差分析（One - Way ANOVA）方法来进行检验。根据前章所述，一般统计学认为，方差分析有两个条件：第一是必须服从正态分布；第二是各组的方差齐性。在进行方差分析之前，需要进行因变量的正态分布和方差齐性检验。

根据表6-7，消费观念的6个维度偏度值都在区间（-1，1），服从正态分布。

表6-7 不同世代消费价值观量表偏度分布

		f1 发展消费观	f2 大众消费观	f3 现代消费观	f4 节俭消费观	f5 利他主义消费观	f6 成就消费观
N	有效	739	739	739	739	739	739
	缺失	0	0	0	0	0	0
偏度		0.456	1.141	-0.231	0.389	0.268	0.344
偏度标准误		0.105	0.105	0.105	0.105	0.105	0.105
峰度		0.127	1.609	-0.404	0.309	0.123	-0.291
峰度标准误		0.210	0.210	0.210	0.210	0.210	0.210

根据方差齐性检验（表6-8）结果，消费观念的6个维度的显著性均大于0.05，说明通过方差齐性检验，可以进行方差分析。

表6-8　不同世代消费价值观方差齐性检验

	Levene 统计量	df1	df2	显著性
f1 发展消费观	2.197	5	733	0.053
f2 大众消费观	1.828	5	733	0.106
f3 现代消费观	1.434	5	733	0.210
f4 节俭消费观	0.633	5	733	0.675
f5 利他主义消费观	1.402	5	733	0.222
f6 成就消费观	1.013	5	733	0.409

表6-9　不同世代消费价值观的显著性检验

维度	显著性
f1 发展消费观	0.000
f2 大众消费观	0.000
f3 现代消费观	0.045
f4 节俭消费观	0.357
f5 利他主义消费观	0.016
f6 成就消费观	0.005

发展消费观是一种全新的消费观，主要表现在强调发展，人要不断发展和完善自己，要不断努力适应时代的变化。从图6-9可以看出，发展消费观维度的均值得分总体上呈现从传统一代到E世代从高到低的趋势，传统一代的得分最高，独生代的得分最低。

由此表明，在6个世代中，独生代较注重自我的长期发展，传统一代和失落一代作为老年群体则相反。造成这种现象主要是由于传统一代和失落一代作为老年群体，很多人认为其人生已经定型，自我发展的空间有限，因此他们中大部分的关注点并不在此。而独生一代作为年轻一代的代表，他们中大部分接受了系统的专业学习，生活更注重品质，强调个性，同时意识到自我发展的重要性。

大众消费观是一种中国传统消费观，主要指消费者消费时遵循普遍的

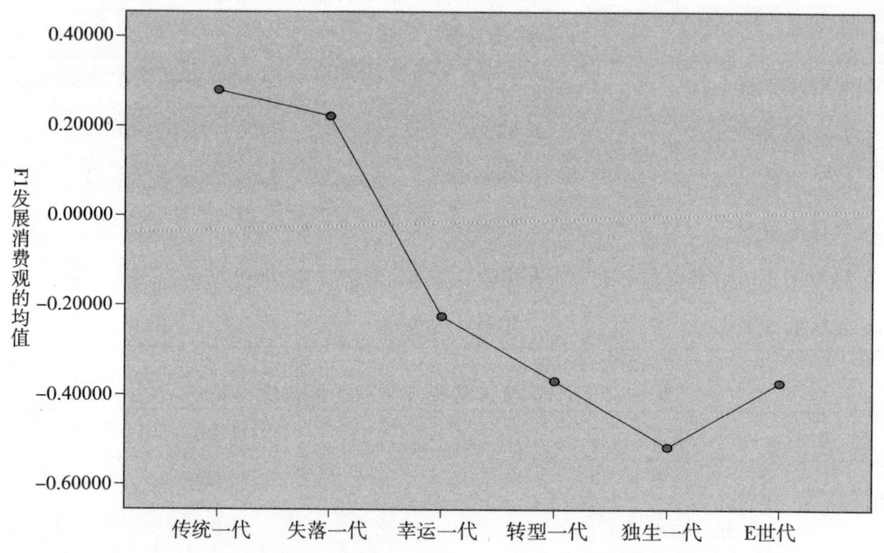

图6-9 不同世代在发展消费观的得分均值图

原则。大众消费观根植于中国本土，是在强调平均主义和社会等级的背景下发展起来的。由图6-10所知，大众消费观维度上总体上呈现出随着年龄增长，得分均值不断减少的总趋势，即传统一代的得分均值最低，E世代得分最高。由于大众消费观是一种中国传统的消费观，因此与其他世代相比，传统一代和失落一代的老年群体身上更具备传统观念的特质，因此集中反映在大众消费观方面，即普遍不提倡过度消费和提前消费，认为过日子要长远打算。而作为独生代和E世代的中国年轻人，并不仅仅追求温饱，更追求个性和自我需求。

现代消费观是在改革开放以来，尤其是社会转型过程中产生的一种消费观。主要表现为消费者开始懂得享受，敢于过度消费和提前消费。现代消费观得分均值如图6-11。其中，幸运一代得分最低，而传统一代和失落一代的老年群体得分最高，这主要是因为幸运一代经过多年的积累，他们大多具备一定的社会和经济地位，因而相较于其他群体，他们更讲面子，注

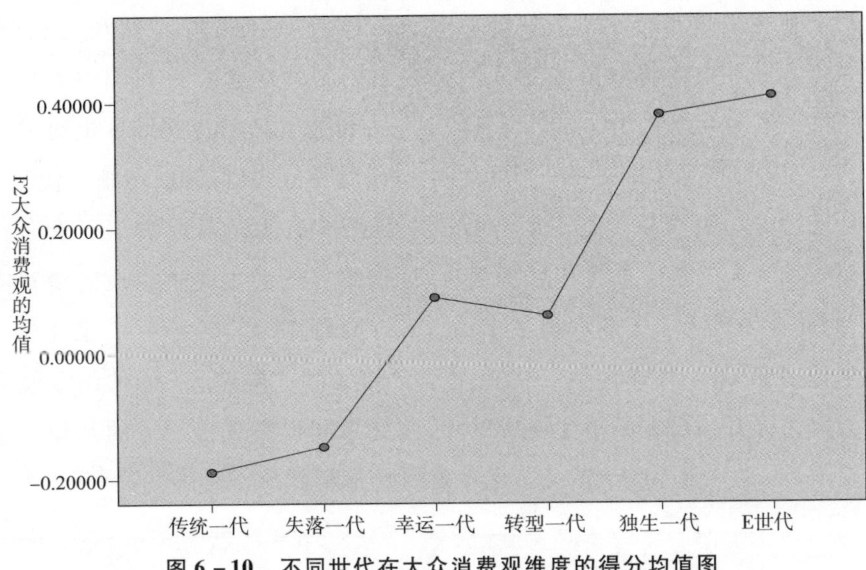

图 6－10　不同世代在大众消费观维度的得分均值图

重自己的身份和地位；作为传统一代和失落一代的老年人，由于多数已经退出工作舞台，对身份、地位等名利更淡泊超然。

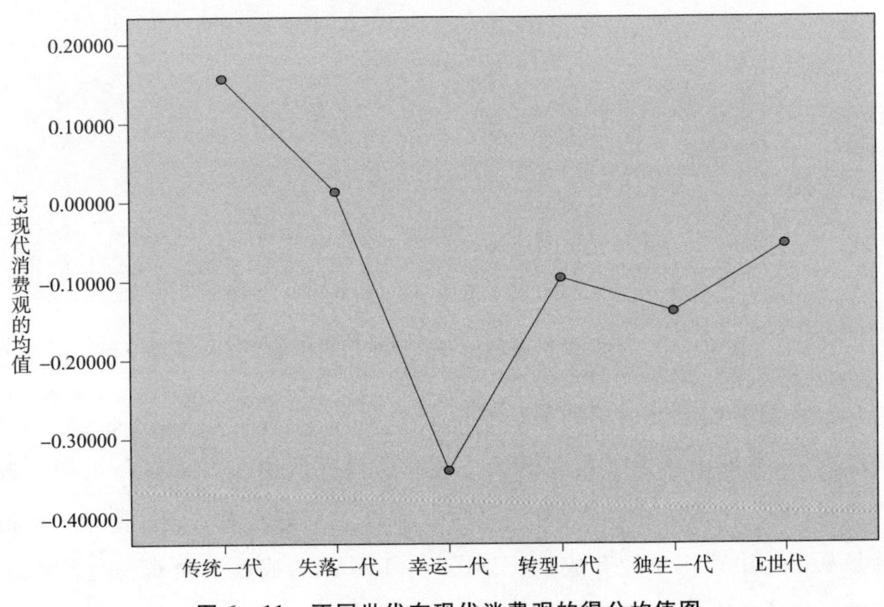

图 6－11　不同世代在现代消费观的得分均值图

利他主义是人的一种基本天性，本文所指的“利他主义消费观”主要指顾及他人的利益而将其放在个人利益之上的消费观念。在我国主要指对后代的关心和经济消费。如图 6 - 12 所示，利他主义消费观维度上得分均值大体呈现“W”形，即失落一代和独生一代的得分均值最低，传统一代和 E 世代的得分均值较高。这主要与我国年龄结构有关。目前独生子女一代开始陆续为人父母。作为年轻的父母，他们培养子女更注重物质的消费支出，因此会表现出一定的利他主义消费观。同时，随着“4 - 2 - 1”家庭模式越来越多，失落一代作为第一代独生子女的父母，“隔辈亲”的情结致使祖父母成为孙辈的潜在经济主要资助者，因此也同样表现出一定的利他主义消费观。E 世代作为年轻一代，是主要的受照顾者。

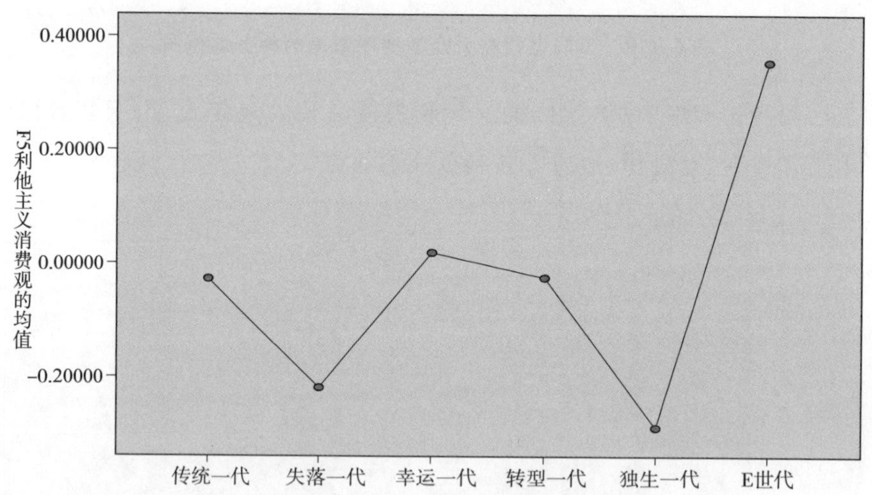

图 6 - 12　不同世代在利他主义消费观维度的得分均值图

成就消费观倡导消费的目的不应只为享受，而应该将消费投入到无限的工作中，在其中获得乐趣和享受。这种价值观认为人要舍得在工作上投入大量的时间、精力和财力，应当将工作放在重要的位置，人生活的主要目的是从工作中获得乐趣和成就。如图 6 - 12 所示，成就消费观得分均值最高的 E 世代，传统一代得分最低，这与不同世代的价值观有关系。传统一代虽然已经赋闲在家，离开工作岗位，经历丰富，他们所处的时代更讲集体主义，强调个人对社会的付出，这种观念已经深深在他们观念中刻下烙印；得分最高的E世代由于年龄尚轻，大多对成就没有特别清晰的概念，随着年龄的增长，会有所变化。

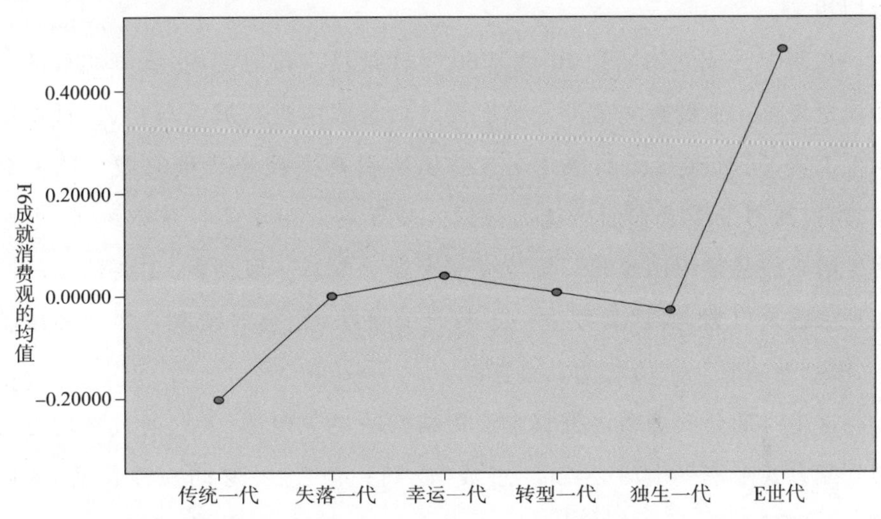

图6－13　不同世代在成就消费观维度的得分均值图

6.3　分析与讨论

老化是个体与环境相互作用的结果。根据已有研究，随着个体年龄的增加，个体间的差异会不断增加（Atchley，1987）。有学者指出：随着年龄的增加，人的思维方式和观念也会不断发生变化。在个体早期时期，人的思想主要来源于自身；成年期，开始会根据外部环境来进行思考和决策；成熟期，个体的思想来源又会回归内部，并根据个人经历和价值观将外部信息纳入内部（Sheth & Mittal，2004）。从这个意义上说，作为成熟期的老年人，他们的消费行为更多的来自其自身的经历和由此形成的价值观。总体来

看，目前的城市老年人群体中，传统节俭型的老年人仍占相当大的比例。尽管在当今社会，人民的收入水平越来越高，生活条件也在不断改善，消费内容更丰富，消费环境也越来越好，但老年人在年轻时艰苦年代养成的节俭、谨慎等传统观念通常会伴随其一生，这与当前老年人成长和生活环境密切相关。

在新中国成立初期到20世纪60年代很长一段时间内，我国实行的是优先发展重工业的经济战略。政府投入大量成本进行城乡分治，压低城镇职工工资，同时实行统购统销。这些做法引发了较为严重的城乡二元对立，国民的消费需求和消费能力被进一步压制。由于实行统购统销，人们的生活必需品是由国家统一发放而非市场分配。一般而言，主要依据的标准是家庭人口数，根据其发放一定数量的票据，凭票据领取。在这种体制下，国家控制着几乎所有的社会资源。

这个时期公共消费占据整个消费结构的主导地位，人们通过平均主义的分配方式来享受生活必需品，造成"吃同一种食物、穿同一种衣服"的局面。人们日常消费活动被赋予特定的意识形态，比如，旗袍、跳舞被认为是资产阶级做派而被大量削减，人们只能参加一些特定的活动，而且大多是被迫的，比如看战争电影、样板戏等（麦克法奈尔、费正清，1990）。这一时期人们的消费行为主要表现为以下几个特征：

第一，同质性强，缺乏自由性和多样性。由于生产发展缓慢，人们的消费水平处于低迷状态，很多的消费品均由国家进行分配，人们只能按人数按量领取，几乎没有可供选择的余地，导致人们的消费趋于同质。

第二，消费形式单一，以温饱型为主。在计划经济体制下，人们的消费以满足温饱为主，饮食消费成为最主要的消费形式。

第三，强烈的意识形态色彩。这一时期无产阶级的"先生产、后生活"的理念得到大力宣传。

与此同时，人们的消费观念也主要表现为以下几个特征：

第一,社会主义节俭观。在计划经济体制下,由于生产发展缓慢,"省吃俭用""勤俭节约"成为社会普遍要求的道德行为规范。人们的日常用品总是用了再用,直到全部坏掉无法使用为止。因此,商品的耐用性成为评价商品好坏的主要标准。

第二,重物质,轻精神。在计划经济年代,人们更倾向于基本的吃、穿等生存性消费,而忽略精神、文化等服务性消费。

第三,量入为出。在这一时期,人们一般将即期收入作为消费的上限,不提倡"寅吃卯粮"。

可以说,现今的老年人经历过计划经济时期的消费,具有深刻的时代烙印,会影响其一生的消费观念和消费行为。

同时,老年人对社会风险极为看重。对于大多数老年人来说,只有确认边际收益大于可感知的成本时,消费和购买才会发生。与年轻人相比,老年人的消费行为和消费观念差别仍比较大,从理论上讲,可能受两方面因素影响:

第一,根据心理账户理论,一个人一生可能有三个心理账户:现期现金收入账户、现期资产账户和未来收入账户。由于不同心理账户对消费者的吸引力不同,进行储蓄的心理成本和自控能力也不同。一般而言,不同于年轻人,老年人的消费大多来自现期收入,而非未来的预期收入。当前的老年人大多出生于新中国成立前后,他们中许多人都经历过新中国成立前旧社会的压迫和艰辛,新中国成立后,又经历了一些社会运动,即便在改革开放以来经济和社会发生翻天覆地变革的今天,他们身上仍带有过去传统的烙印,因此也有学者形象地称之为"偏爱传统的一代"。随着国家开始对居民养老、医疗等各方面的改革,老年人对未来不确定性的预期有所增加。和年轻人相比,老年人在享受社会发展带来好处的同时,也会更注重这些不确定性因素,之前的社会经验积累使其具有更强的自我控制能力。

第二,老年人总体消费倾向比较低。一般来说,当人们的收入增加时,

其消费水平也会相应增加,即消费倾向呈现正值。但是对于老年人来说,这个假设不一定成立。有学者(李建民,2001)通过研究发现,与年轻人相比,老年人的消费倾向较低,主要原因在于其消费结构不同。按照马斯洛人类需求分层,一般可以将人的消费需求分为三类,即生存型消费、发展型消费和享受型消费。这三类消费对应的价格弹性是不同的,其中生存型消费品的价格弹性明显低于其他两类。当一个人收入开始增加时,他会增加对生存型消费品的支出,一方面增加这类消费品的数量,另一方面也会购买这类优质的消费品。但是当他们的收入持续增长时,他们不会持续增加生存型消费品的支出,而开始增加对发展型消费和享受型消费的支出,以满足更高层次的需求,因而使得这两类消费品具有较高的价格弹性。对于老年人而言,他们对生存型消费的需求比例明显高于年轻人,因此老年人的消费需求弹性明显小于年轻人,造成两者的消费行为和消费观念产生较大的差异性。

在消费研究中,一个基本的判断是,消费行为和消费观念是个体心理和社会环境共同作用的结果,正如一般系统论和机体论所提出的,人与环境是两个关系密切、相互影响的系统,两者相互作用,形成一个更大的"生活圈"系统(Life span)在"生活圈"系统中,人是主体,环境是客体。同时,随着时间的变化,人和环境会不断发生变化,这种"生活圈"系统也在不断发生改变。总的看来,现阶段老年人在消费行为上体现出节俭、谨慎、注重品质、品牌忠诚、从众等特点。作为即将进入老年期的"幸运一代"却体现出一些明显的不同特质,如较弱的节俭消费倾向和品牌忠诚行为倾向;较弱的利他主义消费观和强烈的现代消费观等。当然,"幸运一代"所表现出来的这些不同特质。一方面可能是由于当今老年人身上所不同的受教育水平、思想观念、生活环境和生活经历等因素的影响,在其进入老年期内可能仍会带有这些明显的特质;另一方面,在其进入老年期之后,可能会受到年龄、健康状况等影响,其"生活圈"在不断发生改变。这些特质也会随之变化甚至消退。因此,需要辩证地来分析。

6.4　本章小结

1. 老年消费行为的内部差异性

城市老年群体中传统节俭型的老年人仍占相当大比例,品牌品质型的老年人比例仅次于传统节俭型。由此,说明在现代社会,单纯的节俭并不是老年人追求的唯一目标,许多老年人已经开始将关注点放在追求品牌和商品的品质方面,消费观念和消费行为开始有所转变。

眼花缭乱型的老年人多集中于女性、中高龄、学历低、从未工作比例高、收入较低等特点;品牌品质型的老年人具有年轻、教育水平高、在职或退休比例高、高收入、身体状况一般等特点;传统节俭型老年人多集中于女性、学历较低,文盲比例高、在职和离退休有偿比例低、收入居中、身体较好且在老年群体各个年龄段均有分布;时尚享乐型的老年人多集中在男性、65～74岁、高学历、在职、中高收入、健康状况趋向两个极端等特点。

2. 老年消费观念的内部差异性

基于消费观念的6个因子作为细分变量,可以将老年消费者划分为传统型和现代型。其中传统型比例为55.7%,而现代型比例为44.3%。由此可以看出,在目前城市老年人群体,持传统消费观念的老年人仍占多数。

现代型老年群体的特征是:年龄更年轻,文化程度较高,在职和离退休比例较高,收入较高,健康程度较好;与现代型相比,传统型的老年人具有年龄较大,学历较低,未有过工作比例高,收入低,身体较差等特点。

3. 不同世代消费行为的差异性

通过单因素方差分析可知,不同世代在流行时尚行为、自愿节俭行为、消费谨慎性行为、享受型行为、探索型行为、品牌忠诚行为6个维度上均存在显著差异,在价格感知行为、信息搜寻行为维度上不存在显著差异。

在流行时尚行为维度上，年轻的世代在消费中更易追求流行时尚；作为老年人，年龄较大的传统一代和失落一代对流行时尚行为持反对或谨慎态度。

在自愿节俭行为维度上，年龄越大的老年人越倾向于节俭；年龄最小的E世代由于生活物质条件相对较好，普遍并不赞成自愿节俭的消费行为。

在消费谨慎性维度上，传统一代的老年人消费中普遍呈现出谨慎的倾向，冲动性消费较少；独生代、E世代的年轻人较多地体现出冲动性消费、后悔性消费；

在享受型行为维度上，独生一代和E世代在购物时普遍持享受态度，转型一代则相反。

在探索性行为维度上，失落一代的老年人消费一般会倾向于选择购买销售最好的品牌，同时会经常改变其购买品牌，独生代和E世代则相反。

在品牌忠诚行为维度上，传统一代和E世代显示出品牌忠诚倾向，幸运一代和独生一代则相反。

4. 不同世代消费价值观的差异性

不同世代在发展消费观、大众消费观、现代消费观、利他主义消费观、成就消费观5个维度上均存在显著差异，在节俭消费观维度上不存在显著差异。

在现代消费观维度上，幸运一代得分最低，而传统一代和失落一代的老年群体得分最高。

在大众消费观维度上，总体上呈现出随着年龄增长，得分均值不断减少的总趋势，即传统一代的得分均值最低，E世代得分最高。与其他世代相比，传统一代和失落一代的老年群体身上更具备传统观念的特质。

发展消费观维度上，独生一代较注重自我的长期发展，传统一代和失落一代作为老年群体则相反。

利他主义消费观维度上，得分均值大体呈现"W"形，即失落一代和独生代的得分均值最低，传统一代和E世代的得分均值较高。

成就消费观维度上，得分均值最高的E世代，传统一代得分最低，即6个世代中，传统一代最看重成就消费观，而E世代则相反。

总的看来，现阶段老年人在消费行为上体现出节俭/谨慎/注重品质/品牌忠诚/从众等特点，基本符合行为生命周期理论的"计划者假设"，即老年消费者具有了极强的自我控制能力。他们关心长期利益，追求效用的最大化，表现为一种理性的消费行为。年轻老年人表现出冲动消费倾向，表现出一定的"行动者"特征。

根据心理账户理论，通过研究发现，老年消费者由于大多离开工作岗位，现期收入账户较为单一。对于多数老年人来说，他们所具有大的心理成本较低，但自控能力较强，因此一般不会通过现期资产账户进行消费。同时，老年人的遗产动机较为强烈，因此对于未来收入账户也不会轻易涉及。

此外，作为即将进入老年期的"幸运一代"具有一些明显的特质（未来的老年消费者），如较弱的节俭消费倾向和品牌忠诚行为倾向、较弱的利他主义消费观和强烈的现代消费观等。"幸运一代"所表现出来的这些不同特质。一方面可能是由于其与当今老年人身上所不同的教育水平、思想观念、生活环境和生活经历等因素决定的，在其进入老年期内可能仍会带有这些明显的特质；另一方面，在其进入老年期之后，可能会受到年龄、健康状况等影响，其"生活圈"在不断发生改变，这些特质也会随之变化甚至消退。

第 7 章

结论与对策

7.1 中国城市老年人消费形态特征

通过本文研究发现，当今我国城市老年人在消费行为和消费观念等消费形态上有许多新的变化特点，主要体现在以下几方面：

7.1.1 传统与现代并存

通过前文分析，目前，我国老年人在消费行为和消费观念上呈现出传统与现代并存的过渡性特点，即传统观念占主流，兼具现代观念。在老年人内部市场细分分析中，关于消费观念，传统型的老年人占总样本的55.7%，而现代型老年人占总样本的44.3%。关于消费行为，虽然传统节俭型的老年人比重为41.7%，但品质品牌型和时尚享乐型的老年人比重也分别占到了总样本的21.2%和17%。由此可见，现阶段具有现代消费观念的老年人占相当大比重，老年群体呈现传统与现代并存的特点。

同时，通过世代消费的差异性分析，现阶段老年人在消费行为上体现出节俭、谨慎、注重品质、品牌忠诚、从众等特点。与此同时,通过对即将进入老年期的“幸运一代”的消费行为和消费观念分析可以看出,“幸运一代”具有不同于“传统一代”和“失落一代”的明显特点,比如他们较弱的节俭消费倾向和品牌忠诚行为倾向、较弱的利他主义消费观和强烈的现代消费观。这些特质对我国老年市场的发展和未来定位指引方向。

7.1.2 理性与非理性交织

通过研究发现,现阶段老年人在消费行为和消费观念上更多地表现出成熟理智消费者的特质。他们谨慎、理性、追求物美价廉和品质,基本符合行为生命周期理论的“计划者假设”,即老年消费者具有了极强的自我控制能力。他们关心长期利益,追求效用的最大化,表现为一种理性的消费行为。调查发现,老年人由于消费意识、风险意识相对比较薄弱,信息沟通不畅等因素也限制了其对消费决策作出有效准确的判断,使其在消费决策中常常会表现出一定的从众心理。此外,低龄老年人表现出冲动消费倾向,都是典型的非理性消费。

7.1.3 认同与重构并行

不同于以往的经济学角度对消费的理解,本研究将消费着眼于社会文化层面进行分析。研究发现,在当前,老年人对消费的理解已经不仅仅是一种单纯的经济行为,更多的是赋予消费以社会意义。老年群体将消费看作是一种“符号”或者标志,通过消费,获得群体认同感和归属感。在社会学家波德里亚看来,消费行为是一种积极的关系建构方式。在现代社会,个体通过消费,建立与社会的联系和互动,从而获得一种“身份的认同和建构意义”(唐兵,2012)。调查发现,在当前的老年人中许多人正是通过消费“老有所为”,来实现和群体内其他成员、社会的联系,从而获取认同感。比如现如今非常盛行的“广场舞”,许多老年人通过广场舞这种文化娱乐消费

和服装、道具等的物质消费形式，来实现群体身份的认同和归属。

7.1.4 “新节俭观”

通过研究发现，在当前的城市老年人中，节俭消费观仍占主流，节俭观念在老年群体中根深蒂固。但调查发现，随着社会的发展和时代的前进，对节俭的认知发生转变，节俭的内容和形式都在悄然发生着变化。在对节俭的理解上，传统文化角度主要是指在降低生活要求的前提下省吃俭用。当今，中国人的消费生活和消费环境发生了巨大的变化，尤其是在城市，多数人已经不仅仅满足温饱。老年人中多数仍属于“传统型”，没有完全意识到其自身的消费观念正在发生变化，但他们的消费行为已经证明其消费观念正发生潜移默化的改变。虽然他们的消费观仍以节俭为主，但已经不同于从前传统文化所理解的节俭观。

通过调查得知，现在多数老年人所理解的节俭是一种“新节俭观”，是在不抑制自己的生活需求前提下，量入为出，尽量避免不必要的花销。比如他们虽然不会追求时尚去按季添置新衣服，但当衣服破了需要换，他们不会穿有补丁的衣服，而是会去购买新的衣服，并且在选购时会越来越注重衣服的品质，而不是单凭价格来购买；他们会享受新的数字网络工具，比如添置智能手机、笔记本电脑和无线网络，但会注重省电，打电话会注意节省话费。

案例：李某，女，60岁，国企退休

“我认为我们应该发扬节俭的美德，但我自己的观念也在发生变化。以前前一天吃不掉的饭舍不得倒掉，总是放到第二天再吃。有时明知道快坏了，也要吃掉，不能浪费。后来孩子说了我几次，他们说如果因为将坏的东西吃掉而生病，花钱不说还受罪，更不值得。我想想也有道理。所以，现在观念改变了。买东西也是，以前家里的东西，比如冰箱，用了十多年，坏了几次就找人修，结果修一次要花好几百，后来在孩子劝说下买了个新的，一开始我不想换。后来换了之后发现是对的，不用总修，虽然一次多花点，但毕竟方便不用操心到处找人修。经过这些事，我觉得过日子该省就省，但有些花销是不能避免的。”

7.1.5　自我消费与利他性消费的错位

根据家庭角色地位和情感经济投注路线，可以将消费分为“上行消费”和“下行消费”。“上行消费”是指长辈在家庭中具有至高无上的权威，消费具有优先权，是一种传统家庭格局；“下行消费”指晚辈是家庭的中心，家庭消费都是围绕晚辈来进行，是一种现代家庭格局。

在自我消费上，尽管越来越多老年人接受现代消费观念，与年轻人相比，他们大多秉承克勤克俭的消费观念。但在家庭消费时，老年人却表现出迥异的消费观，即利他主义消费。在我国主要指老年人照顾成年子女或者孙子女的“后代消费”。在他们看来，这种利他主义消费是自己的一种责任和义务。许多老年人把继续照顾孙子女作为自己的责任和义务来履行。这些老年在年轻时可能由于自身或者社会等种种原因，在经济上对子女的支出比较少。抱着弥补心理，他们往往对孙子女消费非常大方，不注重产品价格等因素。与之相比，作为中高龄老年人群体的“传统一代”，利他性消费并不明显。如何引导老年消费者的“自我消费”显得尤为重要。

案例：张某，64岁，男，工程师，已退休

“我和老伴在吃的穿的方面花销不大，每个月主要的花费都在孙子上。孙子体质不太好，每个月给他买保健品就好几百，都是国外买的，一个月两盒，另外还要给他买玩具，订杂志。我觉得该花的钱，一定要花，我在给孙子买东西方面很舍得花钱，还给报了美术班和英语班。他这么小，其实报英语班还有点早，但周围有人给孩子报了，我们也就报了，一次交了不少钱。以前年轻时工作忙，也没这么好条件，在自己孩子身上没花这么多时间和精力，但对孙子就不一样。”

7.1.6 生活和工作的关系

研究发现,低龄老年人普遍认为"以前生活为工作,现在工作为生活";中高龄老年人却表现出强烈的"成就消费观"倾向。

每个时代都会产生主流的思想和价值观。20 世纪的西方社会发生了重要变革,人们的主流思想和价值观也发生了重要变化:30 年代动荡时期——追求独立,40 年代战乱时期——寻求安全保障,50 年代和平时期——安居乐业,60 年代繁荣时期——享受生活(王垒,1989)。在中国同样如此,在深入访谈中,不少低龄老年被访者表示,在改革开放之前,他们工作是生活的全部。当时普遍流行的价值观是:"工作要向高标准看齐,而生活要按照低标准要求,工作要出色,生活要朴素。"在当代中国,随着经济的发展和社会的发展,追求美好的生活方式,如何学会享受生活成为世代的主题,工作成为创造和享受生活的一种手段。在这点上,低龄老年人和年轻人一样,对待如何享受生活有自己的理解和看法。年轻人对享受生活的理解是现代化的生活方式,舒适的生活,而在老年人看来,衣食无忧、身体健康、共享天伦便是享受生活。但通过分析,作为高龄老年人的"传统一代"仍秉持"成就消费观"倾向,更看重工作上的成就,这与其生活经历和传统观念是分不开的。

7.1.7 "消费反哺"

随着社会的发展和时代的进步,后代可以较快地接受新的文化事物和技能,而上一辈要想获得这些新事物新技能,不得不向下一辈学习,由此出现了文化反哺现象。著名人类学家玛格丽特·米德提出了世代问题上的三种文化类型:第一,前喻文化(pre - figurative),指后辈向前辈学习为特点的原始文化类型;第二,并喻文化(co - figurative),指向自己同辈学习为特点的文化类型;第三,后喻文化,指前辈向后辈学习为特点的当代文化类型。米德在其《文化与承诺:一项有关代沟问题的研究》一书中提道:“在现代社会,存在着代际冲突,因此在接受新技术、新观念方面,年轻一代与他们的之前的世代是不同的。”随着新技术的发展,社会开始逐渐孕育出一种完全不同于以往的文化的形态,称之为“后喻文化”。作为一种全新的文化传递模式,是由年轻一代将不断增长的新知识和新技能传递给他们的上一辈。周晓虹将其称之为“文化反哺”。而在消费领域,本研究通过实地调查发现,也存在着这样上一代向下一代学习的现象。本研究将其称之为“消费反哺”。重视老年人消费中的“消费反哺”现象,对于开拓老年消费市场,保持其持续健康发展具有重要的意义。

案例描述:孙某,男,56岁,私营业主

“我不太懂买东西的事,基本都是我女儿告诉我的。我女儿在美国读了几年书,回来后变化挺大的,经常告诉我什么牌子之类的事。我现在穿的衣服、鞋子、钱包,都是带她一起去买的,她给我参考,告诉我什么适合我。我去参加会议、谈判还有一些聚餐的场合,也都是她帮我搭配衣服。她总跟我说,买东西一定要买名牌,名牌可以体现出身份和地位,还能显示出一个人的生活品位。我每次都听着,在她面前,我觉得自己倒成了学生。”

通过调查发现,在实际消费中,出现不少关于商品的购买者和最终使用者脱节的现象。比如,中年人是保健品的最大消费者,但主要是为其父母买的;年轻人更倾向于购买奢侈品,但他们中许多是由于与父母住在一起,其父母为其基本的生活开支“买单”。

7.2 对策建议

随着人口老龄化进程的加深,我国老年消费市场潜力巨大。目前,社会各界的普遍共识是,老年市场虽然具有较大的潜力,但发展仍然滞后。

主要的限制因素包括:市场供需矛盾,老年消费市场供应不足,同时市场和企业的定位也有明显问题。老年人本身消费水平低,消费观念倾向于节俭,自我消费较少。从这个意义上说,发展老年消费市场,一方面可以更好地满足老年人的多元化需求,提升老年人的生活品质,改善其生活水平,使其能够充分享受到时代进步所带来的成果;另一方面可以通过鼓励老年人消费,拉动内需,促进经济发展,为我国顺利解决人口老龄化所带来的不利影响提供经济支持。

通过本研究的分析,可以看出,我国城市老年人的消费行为和消费观念有巨大的差异性,体现着不同的类型和特点。随着老年人年龄的增加,其生活经历、社会经验的不断积累,老年消费者的异质性越来越明显。同样,老年消费市场并非单一的同质市场,而是一个分众式、多元化的市场。因此,我们在老年消费市场为老年消费者提供产品和服务时,首先应当秉持以老年人为中心,改善老年人生活质量,提升老年人幸福感的总原则和实现“不分年龄,人人共享的社会”和人的全面发展的总目标。同时针对老年消费者的不同特点,给予不同的策略,以便更好地为老年消费者提供产品和服务,切实提高老年人的生活品质。

7.2.1 构建多元化、多层次、差异化的老年市场体系

通过研究发现,我国的城市老年群体由于其本身的社会经历、收入水平、经济条件和个体偏好有较大的差别。老年人的消费需求具有不同层次、多样化的特点。因此,发展老年消费市场,需要构建多元化、多层次、差异化的市场体系。只有这样,才能切实满足老年人的多样性需求,改善其生活质量,提升其生活品质。

通过市场化、社会化、福利化的三模式并举发展,促使老年消费市场的持续健康发展。政府可以考虑通过制定有针对性的优惠措施,来整合各种社会资源,鼓励企业和社会组织对老年消费市场进行投资和发展。企业可

以针对老年人不同的特点和需求,与老年人进行直接且有效的沟通,在产品和服务的种类和质量上满足不同类型老年人的需求。

7.2.2 努力提高老年人购买力水平

通过研究发现,目前,制约老年市场发展的主要问题之一是老年人较低的收入水平。这种“未富先老”的现状极大地阻碍了老年消费市场的发展。要从根本上解决这一问题,必须不断建立和完善老年社会保障体系。只有健全的保障体系,才能增强老年人的购买力,从而促进老年市场的持续发展。

伴随着人口老龄化进程的不断加快,原有的以政府为主题,企业和个人共同参与的社会养老保险模式已经开始逐渐显现出弊端,老年人会因考虑到未来而不敢消费。因此,现阶段需要着重考虑的是,在经济发展的同时,如何协调好代际分配,如何提升老年人口的收入水平。老年人只有在收入得到保障,经济条件得到切实改善,享受到现实社会经济发展的成果,对未来的养老无后顾之忧的前提下,才能够将现期的收入通过消费转化为购买力,发挥出老年市场应有的巨大潜力。

7.2.3 重建消费价值观,引导合理消费

通过本研究发现,目前我国老年人在消费行为和消费观念上呈现出传统与现代并存的特点,即传统观念占主流,兼具现代观念。通过世代消费的差异性分析发现,现阶段老年人体现出节俭消费倾向,长期以来,节俭消费观固然是中国长期以来形成的传统消费价值观,但在市场经济发展的今天,过分节俭容易形成观念上的流动性约束。这种观念上的流动性约束主要指当人们收入较低或者收入下降时,消费者的消费基本来自同期收入和已有储蓄,而非借贷消费。观念上的流动性约束使得老年人家庭会保持较高的储蓄倾向,不利于我们扩大内需,发展经济的政策导向。因此,需要在

全社会内,特别是对老年群体加强对现代化消费观念的鼓励宣传和文化氛围的营造,逐步转变老年人固有的"重储蓄,轻消费"的传统消费观,发挥出老年市场的巨大潜力,促进老年市场持续健康发展。

7.2.4 重视消费市场的集聚效用

通过调查分析发现,作为理智消费者的老年人在消费时具有一定程度的从众、中庸心理。他们在消费时往往会考虑和征求周围其他人的意见。同时,通过劝导他人进行消费,或者与他人的消费进行比较,而获得某种程度的满足感。这种消费的空间和时间的集聚现象称为"消费的集聚效应"。在老年消费市场中,企业可以遵循这种消费的集聚效应特点,将产品或服务进行集中供给,使得老年消费者能够通过信息交流、沟通和引导,选择适合自己的产品或服务。同时,重视消费市场的这种集聚效用,可以促使消费市场的老年企业能够不断进行技术创新,改进产品或服务的品质,满足老年人的不同需求

7.2.5 鼓励老年人积极参与社会

活动理论认为,个体在进入老年期之后,应当积极参与社会,通过参与社会,使老年人获得新的社会角色,从而重新认识自我,保持生命活力(邬沧萍,1999)。本研究发现,在当前,老年人对消费的理解已经不仅仅是一种单纯的经济行为,更多的是赋予消费以社会意义。老年群体将消费看作是一种"符号"或者标志,通过消费,获得群体认同感和归属感。因此,鼓励老年人积极参与社会,引导其获得新的角色,从而获得社会认同和归属感。

7.2.6 针对某些特定市场领域,注重对与老年人相关的年轻人的分析和市场开发

本文研究发现,在老年人消费过程中,存在着上一代向下一代学习的

现象。本文将其称之为“消费反哺”。在这种消费反哺模式中，相对于老年人，年轻人充当主导作用。年轻人为老年人购买的“孝心”产品和服务也在呈现越来越大的市场前景。因此对于老年市场的某些特定领域，比如高科技数码产品、医疗保健产品等，加大对与老年人相关的年轻人的信息分析和市场开发，有助于进一步扩展老年消费市场的规模和范围，促进老年消费市场的良性发展和运行。

7.2.7　加强对将进入老年期的未来消费者信息的收集和开发

通过世代消费的差异性分析发现，现阶段老年人在消费行为上体现出节俭、谨慎、注重品质、品牌忠诚、从众等特点。同时，通过对即将进入老年期的“幸运一代”的消费行为和消费观念分析可以看出，“幸运一代”具有不同于“传统一代”和“失落一代”的明显特点，比如较弱的节俭消费倾向和品牌忠诚行为倾向；较弱的利他主义消费观和强烈的现代消费观。这些特质对我国老年市场的发展和未来定位指引方向。因此，需要重视和加强对正在进入或者未来即将进入老年人的消费者的信息的收集和开发，引导老年消费市场的持续、健康的发展。

此外，前文研究指出，根据老年人消费行为差异的不同，可将老年消费者分为眼花缭乱型、品牌品质型、传统节俭型和时尚享乐型四个类型。针对老年消费者的每个类型特征，可以从国家、市场和家庭层面，应给予不同的指导方针和策略。

1. 传统节俭型

传统节俭型是在我国所占比例最大的老年消费者群体。这个群体具有多集中于女性、学历较低、文盲比例高、在职和离退休有偿比例低、收入居中，身体较好且在老年群体各个年龄段均有分布等特点。传统节俭型的老年人的消费观念比较保守，与其他类型相比，他们喜欢储蓄，消费的大多

是生活必需品，并不注重产品的外形和品牌，而将关注点放在产品的实用性和耐用性，对价格和促销较为敏感，崇尚物美价廉。针对这一类群体，国家应当从制度层面加以引导，采取各种措施鼓励老年人进行消费，比如，鼓励老年人积极投入社会参与活动。这样，一方面使其逐渐接受现代消费观念；另一方面通过参与社会，创造老年人自我消费的渠道。市场上的企业应当依据其特点提高商品和服务，比如提高商品的性价比，设计促销活动，走情感路线等。由于传统节俭型的老年人崇尚节俭，克勤克俭，自我消费很少，但同时又会表现出强烈的利他主义消费倾向，利用情感路线，应向其大力宣传现代消费观念，鼓励老年人进行自我消费。

2. 品牌品质型

改革开放以来，我国经济水平得到很大提高，社会转型加快，老年人的思想观念也发生了显著的变化。品牌品质型老年消费者群体在我国所占的比例仅次于传统节俭型，位居第二。品牌品质型的老年人具有年轻、教育水平高、在职或退休比例高、高收入、身体状况一般等特点。他们跟其他类型老年人相比，具有低龄、受教育水平高、较易接受现代化消费观念等特点。因此，在国家层面，可以利用品牌品质型老年人的权威和主导作用，引导老年人进行合理的消费；在市场层面，由于这个类型的消费者追求品牌和品质，市场和企业要将保证品质作为一切工作的重心。

3. 眼花缭乱型

眼花缭乱型的老年消费者在消费过程中容易受到周围环境的影响，具有一定程度的从众心理。这个类型群体多集中于女性、中高龄、学历低、从未工作比例高、收入较低等特点。在国家层面，要合理引导此类型的老年人进行合理消费。因为容易受到其他因素的干扰和诱导，国家还需要在制度和法律层面保障老年消费者的合法权益不受侵害；在市场层面，市场和企业要根据其特点制作相应的广告宣传，比如可以设置"体验营销"，让老年人对商品和服务进行体验式购买。

4. 时尚享乐型

时尚享乐型的老年人主要表现在崇尚享受、追逐时尚等特点,他们大多具有现代消费观念,乐于接受新产品和新事物,多集中在男性、高学历、在职、收入较高等人群。针对时尚享乐类型的老年人,国家可以通过各种手段措施,多鼓励其参与社会,实现“老有所为”;老年市场可以针对其特点多开发旅游、玩乐项目,通过产品定位、包装,向消费者传达“体验快乐”的生活理念。

第 8 章

创新点、研究局限和未来研究展望

8.1 研究创新

本文的创新之处主要体现在以下四个方面：

8.1.1 研究内容方面

用实证方法对老年人消费行为和观念做了探索性研究，为今后大规模调查提供基础。以往关于老年人消费行为和消费观念的研究大多基于感性认识，缺乏实证方法进行分析。这主要是由于目前关于老年人消费行为和消费观念的调查数据缺乏所致。本研究利用实地调查数据和深入访谈资料，对城市老年人消费行为和消费观念进行探索性研究。

本研究分别对于消费行为和消费观念进行市场细分研究，横向比较了老年人消费的内部差异性；纵向比较了六个世代的消费差异性，并尝试从社会文化层面解释。本研究不仅探讨了影响城市老年人消费行为和消费观念的影响因素，而且，分别基于消费行为和消费观念进行市场细分研究，横向比较了老年人消费的内部差异性。同时，将中国消费者划分为 6 个世代，纵向比较了六个世代在消费行为和消费观念方面的差异性。这个创新为我们从整体上把握和理解老年人消费者的特点提供了方法，同时还利用数据和统计方法验证了关于老年人消费行为的相关定性研究假设。

8.1.2　理论研究方面

本研究提出老年人“消费反哺”概念。通过实地调查发现，在老年人消费过程中，存在着这样上一代向下一代学习的现象，本文将其称之为“消费反哺”。提出了加大对与老年人相关的年轻人的信息分析和市场开发，有助于进一步扩展老年消费市场的规模和范围，促进老年消费市场的良性发展和运行的观点。

并从实证角度验证了行为生命周期理论在老年消费者群体的应用。现阶段老年人在消费行为上体现出节俭、谨慎、注重品质、品牌忠诚、从众等特点，基本符合行为生命周期理论的“计划者假设”，即老年消费者具有了极强的自我控制能力。他们关心长期利益，追求效用的最大化，表现为一种理性的消费行为。但同时，低龄老年人表现出冲动消费倾向，表现出一定的“行动者”特征。

8.1.3　研究视角方面

本研究突破了老年消费研究的传统范式，从微观个体来研究宏观问题。本研究通过实地调查，获得当前我国城市老年人消费行为和消费观念的个体微观层面的一手数据，通过本土化量表，对我国城市老年人消费行为和消费观念这一宏观问题进行系统分析，丰富了我们对老年消费者的整体认识。本研究改变以往消费经济学研究中将消费者作为“经济人”的传统定位，将老年消费者作为“社会人”来研究。本研究从老年人消费出发，将老年人定位为“社会人”，更多地从文化、社会的层面对老年人消费过程呈现出来的特点和差异性进行解释。本项研究成果不仅包括“老年人消费

行为特点和影响因素"等社会和学术界普遍关心的"老"问题，还包括老年人消费者内部的市场细分和世代的差异性这些"新"问题，有助于更全面的认识和把握当前和未来我国老年消费市场。

8.1.4 研究工具方面

本研究构建适合我国国情的本土化老年人消费行为和消费观念量表，并对其适用性进行了检验。以往关于消费者行为的相关研究大多直接套用西方现成的量表。这种做法有其弊端：一方面西方量表中的某些价值观不能完全适用于中国的研究；另一方面，西方的量表也不能完全涵盖中国人特有的价值观。因此，为了解决这个问题，本研究在吸收西方现有量表成果的基础上，从中国本土的社会学、心理学、经济学等学科借鉴研究思路，通过深入访谈、观察、探索性因子分析等一系列步骤，构建了我国老年人消费行为和消费观念量表，并通过了信度效度检验。这对于之后分析我国老年消费者提供了实用的工具。

8.2 研究局限

通过分析，本研究主要的局限性体现在以下三个方面：

1. 样本量和样本代表性问题

由于时间和经费等方面的限制，本研究在实证研究方面，所选取的样本只限于山东省烟台市的城市地区，有效问卷样本量为739份，访谈样本51份，样本代表性有局限性，一定程度上限制了研究结论的普遍性。在中国，存在比较严重的地区差异和城乡差异，不同地区和城乡的消费环境不同，消费者的消费行为特点和消费观念也有显著差异。尤其是改革开放以来，随着生产力的提升，经济发展迅速，城乡居民的生活水平得到明显提高，但与之相对应的是地区和城乡之间经济发展不平衡，城乡居民在收入水平、生活的稳定性、消费偏好等方面都存在很大差异。另外，中国幅员辽阔，地域跨度比较大，因此不同地区的居民，尤其是老年人的消费习惯和消费观念都存在巨大的差异。消费行为的城乡差异和地区差异产生的根本原因是经济发展不平衡所导致的收入差距，而作为老年人，其身上特有的传统消费观念的不同使得消费行为表现出巨大的差异性。因此本文的研究结论能否适用于不同地域和城乡，需要进一步验证。

2. 量表维度及测项问题

本研究所构建的老年消费行为和消费观念量表的所有维度和测项均来自已有文献研究和访谈观察等方法，其结构和表述仍存在需要改进的空间。另外，对消费价值观维度的研究来自价值观研究的传统方法——穷举法。因此，仍有可能会遗漏一些重要的消费价值观维度，期望在后续研究中进行改进。同时，尽管量表已经过检验，具有良好的信度和效度，但其适用性还需要在更大范围上进行检验。

3. 对未来老年市场的预测程度的局限性

本文主要从世代的差异性方面着手，研究发现未来即将进入老年市场的“幸运一代”所表现出来的某些不同于当前老年人的消费特质。一方面可能是由于其与当今老年人身上所不同的教育水平、思想观念、生活环境和生活经历等因素决定的，在其进入老年期内可能仍会带有这些明显的特质；另一方面，在其进入老年期之后，可能会受到年龄、健康状况等影响，其“生活圈”在不断发生改变。这些特质也会随之变化甚至消退。因此，未来情况有待进一步跟踪研究。

8.3　未来的研究方向

1. 分地域、分城乡的大规模研究

由于时间和经费等方面的限制，本研究只是基于山东省烟台市的探索

性研究。从科学的实证角度来看,为了使研究更加完善、全面,需要扩大样本量,针对不同地域、城乡来开展相应的大规模研究,来探讨本研究所得出的结论是否具有普遍性和指导性。

2. 具体消费行为研究

本研究从整体上对城市老年人消费行为进行研究,但并未就某一类具体的消费行为做具体研究,比如健康保健消费行为等。由于经济不断发展和预期寿命的不断提高,越来越多的老年人会选择旅游、保健等具体消费行为。这些都是非常有趣且值得深入研究的老年人消费行为的子课题。

3. 动态研究

本研究对我国城市老年人的消费行为和消费观念的实证研究是基于静态时点的研究。随着社会的快速发展,老年人的消费行为和消费观念会发生一定的变化,不断呈现出新的特点。因此,对这些新变化的追踪研究可以进一步探索我国当代老年人消费的发展轨迹。

4. 量表适用性需要更大范围的检验

本研究在已有文献研究和访谈观察等方法的基础上,构建了老年人消费行为和消费观念量表,通过了信度和效度检验,但量表的所有维度和测项均来自已有文献研究和访谈观察等方法,其结构和表述仍存在需要改进的空间。

参考文献

一、重要文件

1. 中华人民共和国主席令(第72号),《中华人民共和国老年人权益保障法》,中国民主法制出版社,1996年8月29日通过,2012年12月28日修订

2. 2013年11月12日中国共产党第十八届中央委员会第三次全体会议通过,《中共中央关于全面深化改革若干重大问题的决定》,人民出版社,2013年11月

3. 国发〔2013〕35号《国务院关于加快发展养老服务业的若干意见》,2013年9月 http://www.gov.cn/zwgk/2013-09/13/content_2487704.htm

4. 国办发〔2019〕5号《国务院办公厅关于推进养老服务发展的意见》,2019年4月 http://www.gov.cn/zhengce/content/2019-04/16/content_5383270.htm

5. 国发〔2011〕28号《中国老龄事业发展"十二五"规划》,2011年9月 http://www.gov.cn/zwgk/2011-09/23/content_1954782.htm

6. 国发〔2017〕13号《"十三五"国家老龄事业发展和养老体系建设规划》,

2017 年 3 月 http://www. gov. cn/xinwen/2017 -03/06/content_5174100. htm

7. 2018 年烟台市国民经济和社会发展统计公报,http://www. yantai. gov. cn/art/2019/4/15/art_27463_2411549. html

二、中文参考文献

1. 邬沧萍 . 1999. 社会老年学[M]. 北京:中国人民大学出版社 .

2. 费孝通 . 1998. 乡土中国[M]. 北京:北京大学出版社 .

3. 孙立平 . 2003. 断裂:20 世纪 90 年代以来的中国社会[M]. 北京:社会科学文献出版社 .

4. 李通屏主编 . 1998. 人口 · 经济 · 发展:人口经济学探索[M]. 北京:中国人口出版社 .

5. L · G · 希夫曼, L · L · 卡纽克 . 2002. 消费行为学(第 7 版)[M]. 上海:华东师范大学出版社 .

6. (美)波普诺著,李强等译 . 2003. 社会学(第十版)[M]. 北京:中国人民大学出版社 .

7. (美)霍金斯,(美)马瑟斯博著,符国群等译 . 2003. 消费者行为学(第 8 版)[M]. 北京:机械工业出版社 .

8. (日)富永健一主编,孙日明译 . 1984. 经济社会学[M]. 天津:南开大学出版社 .

9. (美)麦克法奈尔 费正清主编,谢亮生译 . 1990. 剑桥中华人民共和国史(1965—1982)[M]. 北京:中国社会科学出版社 .

10. (美)戴慧思,卢汉龙 . 2003. 中国城市的消费革命[M]. 上海:上海社会科学院出版社 .

11. (台)黄芳铭 . 2005. 结构方程模式:理论与应用[M]. 北京:中国税务出版社 .

12. 杨中芳 . 2004. 中国人的心理与行为:本土化研究[M]. 北京:中国人民大学出版社 .

13. 杨国枢 . 1994. 中国人的价值观——社会科学观点[M]. 桂冠图书公司(台).

14. 黄世礼主编 . 1996. 通俗消费心理学[M]. 北京:中国轻工业出版社 .

15. 张永杰,程远忠 . 1988. 第四代人[M]. 北京:东方出版社 .

16. 张纯元,曾毅 . 1999. 市场人口学[M]. 北京:北京大学出版社 .

17. 郭平,陈刚主编 . 2009. 2006 年中国城乡老年人口状况追踪调查数据分析[M]. 北京:中国社会出版社 .

18. 吴玉韶,郭平主编 . 2013. 2010 年中国城乡老年人口状况追踪调查数据分析[M]. 北京:中国社会出版社 .

19. 风笑天 . 2001. 社会学研究方法[M]. 北京:中国人民大学出版社 .

20. 郑红娥 . 2006. 社会转型与消费革命——中国城市消费观念的变迁[M]. 北京:北京大学出版社 .

21. 郭志刚 . 1999. 社会统计分析方法——SPSS 软件应用[M]. 北京:中国人民大学出版社 .

22. (美)艾尔 · 巴比 著,邱泽奇译 . 2000. 社会研究方法(第 10 版)[M],华夏出版社 .

23. 王垒编著 . 1989. 青年心理学[M]. 北京:光明日报出版社 .

24. (美)玛格丽特 · 米德 . 1987. 文化与承诺:一项有关代沟问题的研究[M]. 石家庄:河北人民出版社 .

25. 吴绍宏 . 2001. 中国年青一代消费模式:购物决策风格与价值观[M]. 澳门:澳门理工学院管理科学高等学校出版社 .

26. 阳翼 . 2008. 中国独生代消费行为研究[M]. 广州:暨南大学出版社 .

27. 周志民 . 2005. 品牌关系评估研究:BRI 模型及其应用[M]. 中国文联出版社 .

28. 苟志效,陈创生．从符号的观点看——一种关于社会文化现象的符号学阐释[M]. 广州,广东人民出版社,2003.

29. 李聪华．1999. 中国:消费者革命[M]. 香港:香港三联出版社．

30. 杜鹏．2003. 中国老年人主要生活来源的现状与变化[J]. 人口研究,(6).

31. 杜鹏,武超．2006. 1994—2004 年中国老年人主要生活来源的变化[J]. 人口研究,(2).

32. 张纯元．1994. 中国人口老化与未来市场[J]. 市场与人口分析,(1).

33. 萧振禹,陶立群．1997. 可持续发展的老年市场及老年产业[J],市场与人口分析,(3).

34. 任远．1995. 老龄消费市场初探[J]. 市场与人口分析,(3).

35. 吴健安．1996. 中国银色市场的潜力和特点[J]. 市场与人口分析,(4).

36. 周丽萍,沈惠云．1995. 人口老龄化的医疗保健需求[J]. 市场与人口分析,(2).

37. 张一华．1997. 漫谈老年人的消费特点和消费心态[J]. 市场与人口分析,(3).

38. 戴星翼．1996. 论老龄化过程与市场体系[J]. 市场与人口分析,(1).

39. 原新．2002. 老年人消费需求与满足需求能力基本关系的判断[J]. 广东社会科学,(3).

40. 李建民．2001. 老年人消费影响因素分析及我国老年人消费需求增长预测[J]. 人口与经济,(5).

41. 陆杰华．2000. 关于我国老年产业发展现状、设想与前景的理论思考[J]. 人口与经济,(7).

42. 姜向群．1997. 影响我国老年产业发展的人口学与社会经济因素[J]. 市场与人口分析,(3).

43. 王金营 . 2006. 考虑人口年龄结构变动的中国消费函数计量分析——兼论中国人口老龄化对消费的影响[J]. 人口研究,(1).

44. 顾大男 . 2000. 老年人年龄界定和重新界定的思考[J]. 中国人口科学,(3).

45. 翟学伟 . 2004. 人情、面子与权力的再生产——情理社会中的社会交换方式[J]. 社会学研究,(5).

46. 刘世雄 . 2005. 基于文化价值的中国区域消费差异实证研究[J]. 中山大学学报(社会科学版),(5).

47.(台)林清河,施坤寿,许家铭 . 2001. 消费者决策形态与价值观之研究——台湾地区大学生之实证研究[J]. 人文及社会科学,(1).

48. 张荷 . 2011. 人口老龄化背景下我国老年消费市场的研究[J]. 西南财经大学硕士论文 .

49. 励丹霞 . 2003. 我国老年市场和老龄产业研究[J]. 复旦大学硕士学位论文 .

50. 何纪周 . 2004. 我国老年消费者市场研究[J]. 吉林大学硕士学位论文 .

51. 王伟莉 . 2009. 老龄化背景下我国老年消费市场需求研究[J]. 河南科技,(11).

52. 刘同昌 . 2000. 老龄社会的消费需求与老年人消费市场的开拓[J]. 青岛大学学报,(4).

53. 周环等 . 2005. 从西方消费理论看我国老年市场需求不足的原因及启示[J]. 世界经济情况,(21).

54. 王兰英 . 1999. 老年消费市场特征及企业营销策略选择[J]. 现代财经,(8).

55. 应斌 . 2005. 我国老年消费者消费行为的演进[J]. 商业时代,(6).

56. 应斌.2003. 美国细分模型对我国老年市场界定及营销的启示[J]. 江汉大学学报(社会科学版),(12).

57. 张艳,金晓彤.2010. 中国老龄人口消费行为的制约因素分析[J]. 学术交流,(10).

58. 刘超.2005. 老年消费市场细分方法与模型[J]. 消费经济,(10).

59. 罗纪宁.2003. 市场细分研究综述:回顾与展望[J]. 山东大学学报(哲学社会科学版),(6).

60. 李大雁.2001. 试论产品整体概念与老年消费市场开发[J]. 消费经济,(3).

61. 王海忠.1996. 美国不同社会阶层的消费行为[J]. 市场与人口分析,(3).

62. 刘能.2003. 当代中国人的生活方式:多维度的解析[J]. 广西民族学院学报(哲学社会科学 B 版),(4).

63. 张梦霞.2005. 中国女性购买行为的价值观动因实证研究[J]. 财贸经济,(10).

64. 崔莉.2002. 我国银色市场开发现状分析及其营销建议[J]. 特区经济,(1).

65. 祁红涛.2007. 基于二维价值观分群视角的消费者绿色消费行为研究[J]. 吉林大学硕士论文.

66. 刘中一.2005. 社会记忆中的性别偏好[J]. 妇女研究论丛,(5).

67. 张贵敏.2004. 我国城市居民体育消费环境需求探析[J]. 天津体育学院学报,(1).

68. 雷定安,金平. 论三种消费观[J]. 西北师范大学学报(社会科学版).1996 年第 2 期.

69. 王洵,刘毅强.2001. 人口老龄化是不争的事实吗——老年人口与人口老龄化标准再认识[J]. 理论前沿,(17).

70. 张晓路. 2013. 中国城市老龄消费者品牌重购行为的形成机理[J]. 吉林大学博士论文.

71. 朱旭红. 2012. 老年人消费状况及其性别差异——以浙江省为例[J]. 浙江社会科学,(2).

72. 王芳. 2007. 东中西部城乡居民消费差异的统计分析[J]. 商场现代化,(25).

73. 齐利平. 2008. 居民消费行为差异分析[J]. 太原师范学院学报(自然科学版),(1).

三、英文参考文献

1. Hellmut Schutte, Deanna Ciarlante. Consumer behavior in Asian. New York: New York University Press,1998

2. Wolf, David B. , Targeting the mature mind. American Demographics, 1994 ,16(3): pp. 32 - 36

3. Moshis, George P. , Marketing strategies for the mature market. Westport: Quorum Books,1994

4. Moven,John C. , Harish Sujan. Volunteer behavior: a hierarchical model approach for investigation its trait and functional motive, Journal of Consumer Psychology, 2005 ,15(2),170 - 182

5. Hale N Tongren. Determinant behavior characteristics of older consumers [J]. The Journal of Consumer Affairs,1988(Sum.):136 - 157

6. George P Moschis. Marketing to older adults:an overview and assessment of present knowledge and practice[J]. Thejournal of Services Marketing,1991, (Spr.):33 - 41

7. Tongren Hale N. . Determinant Behavior Characteristics of Older Consumers[J]. The Journal of Consumer Affairs,1988(Sumer):136 - 157

8. Sheth, J. N. , & Mittal, B. (2004). Customer behavior: a managerial

perspective(2 nd ed.). Mason, Ohio: Thomson/South - Western

9. Mason, John Barry, Smith, Brooks E. An exploratory note on the shopping behavior of the low income senior citizen. Journal of Consumer Affairs, 1974 ,8(2):204 -210

10. Schiffman Leon G. Perceived risk in new product trial by elderly consumers. Journal of Marketing Research,1972(Feb):106 - 108

11. Lumpkin, James R. , Greenberg, Barnett A, Goldstucker, Jac I,. Marketplace needs of the elderly: determinant attributes and store choice. Journal of Retailing, 1985 ,61(2):75 -105

12. Sherman Elaine, Schiffman Leon G. , Mathur Anil. The influence of gender on the new - age elderly' s consumption orientation. Psychology & Marketing, 2001 ,18(10):1073 -1089

13. Schewe Charles D. , Balazs Anne L. , Role transitions in older adults: a marketing opportunity. Psychology &Marketing,1992(Mar/Apr):85 -99

14. Park C. W. , Joworski B. J. , MachInnis D. J. , Strategic Brand Concept Image Management[J] Journal of marketing, 1986 , 50(4) :135 -145

15. Chaudhuri A. , MorrisB. H. , The Chain of Effects from Brand Trust and Brand Affect to Brand Performance: The Role of Brand Loyalty[J] Journal of marketing, 2001 ,65(2):81 -93

16. Holbrook M. B. , Consumption experience, customer value,and subjective personal introspection: an illustrative photographic essay[J] Journal of Business Research, 2006 ,59(6):714 -725

17. Smith J. B. , Colgate M. Customer value creation: a practical frame work[J] Journal of marketing theory and practice, 2007 ,15(1):7 -23

18. Sheth J. N. , Newman B. I. , Gross B. L. ,Why we buy what we buy:a theory of consumption values[J] Journal of business research, 1991 ,22(2):

159 - 170

19. Allen M. W, Wilson M. , Ng S. H. ,etal Values and beliefs of vegetarians and omnivores[J] The journal of social psychology, 2000 , 140(4):405 - 422

20. Andrew Gilg, Stewart Barr, Nicholas Ford. Green consumption or sustainable lifestyles? Identifying the sustainable consumer. Futures 37(2005): 481 - 504

21. William O. Bearden, Richard G. Netemeyer and Mary F. Mobley. Handbook of Marketing Scales: Multi - item measures for marketing and consumer behavior research. California: Sage Publication, Inc,. 1993:86 - 87

22. Riesman, David, Nathan Glazer and Revel Denney. The lonely crowd, New Haven, CT: Yale University Press,1950

23. Mitchell, Arnold. The nine American life styles. New York: Warner. 1983

24. Plummer, Joseph T. The concept and application of life style segmentation. Journal of Markrting, 1974 ,38(2):33 - 37

25. Wells, William D. Psychographics: A critical review. Journal of Marketing Research,1975,,12(2):196 - 213

26. Kahle, L. R. The nine nations of north America and the value basis of geographic segmentation. Journal of Marketing,1986 ,50(2);37 - 47

27. Moschis George P.. Life stages of the mature market. American Demographics, 1996(Sep):44 - 50

28. Bone Paula Fitzgerald. Identifing mature segments. The Journal of Consumer Marketing, 1991(Fall):19 - 32

29. Sorce, P. , Tyler, P. R. and Loomis, L. M. Lifestyles of older Americans. The Journal of Consumer Marketing, Vol. 6 , Summer,1989:53 - 63

30. Shufeldt, L., Oates, B., Vaught, B., Is lifestyle an important factor in the purchase of OTC drugs by the elderly. Journal of Consumer Marketing, Vol. 15, No. 2, 1999:111 – 124

31. Lunsford Dale A., Burnett Melissa S. Marketing product innovations to the elderly: understanding the barriers to adoption. Jounal of Consumer Marketing, 1992(Fall):53 – 63

32. Moschis, Geoge P. Approaches of the study of consumer behavior in late life. Advance in Consumer Research, 1991, 18:517 – 520

33. Sirgy, M. Joseph. Self – concept in consumer behavior: a critical rewiew. Journal of Consumer Research, 1982, 9:287 – 300

34. Tongren Hale N., Determinant behavior characteristic of older consumers. The Journal of Consumer Affairs, 1988(Summer):137

35. Chevalier Corinne. The stakes in the over 50 s market for financial institutions in France. Journal of Financial Services Marketing, 2003(Dec):145 – 151

36. Bryck Sally, Drinkwater Matthew. The mature market. LIMRA's Market Facts Quarterly, 2002(Winter):108 – 111

37. Lunsford Dale A., Burnett Melissa S. Marketing product innovations to the elderly: understanding the barriers to adoption. Journal of Consumer Marketing, 1992(Fall):53 – 63

38. Gwinner Kevin P., Stephens Nancy. Testing the implied meditational role of cognitive age. Psychology&Marketing, 2001, 18(10):1031 – 1048

39. Wei Sheng – Chung. Consumers' demographic characteristics, Cognitive age, and Innovativeness. Advances in Consumer Research, 2005, 32:633 – 640

40. Anderson, James C. and David W. Gerbing. Structural Equation Modeling in Practice; A Review and Recommended Two – Step Approach. Psychological Bulletin, 1988, 103(3):411 – 423

41. Churchill G A. 1979. A paradigm for developing better measures of marketing constructs. Journal of Marketing Research,16(1):64 – 73

42. Wilkes Robert E.. A structural modeling approach to the measurement and meaning of cognitive age. Journal of Consumer Research, 1992 ,19(2): 292 – 301

43. Allison, Neil K.. A psychometric development of a test for consumer alienation from the marketplace. Journal of Marketing Research, 1978 ,15(4): 565 – 575

44. Stephens Nancy. Cognitive Age: a useful concept for advertising. Journal of Adversing,1991 ,20(4):37 – 48

45. Oliver H. M. Yau(1994). Consumer Behavior in China:Customer Satisfaction and Cultural Values. T. J. Press(Padstow) Ltd,Padstow Cornwall.

46. Churchill, G. A. Jr. A Paradigm for developing better measures of marketing constructs. Journal of Marketing Research,1979 ,16(1):64 – 73

47. Nunnally,J. C. Psychometric Theory:25 Years ago and Now, Educational Researcher,1975 ,4(10):7 – 14

48. Hair, Joseph F. Jr. , Rolph E. Anderson, Ronald L. Tatham and William C. Black. Multivariate Data Analysis(fifth edition). Upper Saddle River, NJ; Prentice Hall, 1998:449

49. Nunnally, J. C. Psychometric Theory (Second Edition). New York: McGrawHill,1978

50. Leonard Barton, Dorothy, Voluntary simplicity lifestyles and energy conservation. Journal of Concumer Research, 1981(3):243 – 252

51. United Nations Population Division,DESA,,"World Population Ageing 1950 – 2050" 2002 [Online]. Available at http://www. un. org/esa/population/publications/worldageing19502050/index. htm

附　录

老年人消费行为和观念调查问卷

尊敬的老人家：您好！

我们是"中国城市老年人消费行为和消费观念研究"课题组，正在进行一项关于老年人消费行为的调查，希望通过了解您的消费行为和消费观念，为全面掌握和分析目前我国老年人的消费现状及需求提供资料。这份问卷无须填写姓名，我们郑重承诺您所填的资料仅用于学术研究，不会用作任何商业行为。

非常感谢您百忙之中的填答，您的回答对我们具有重要价值，谢谢支持！

祝您健康长寿，万事如意！

"中国城市老年人消费行为和消费观念研究"课题组

■ 本问卷的调查对象是55周岁以上(包括55岁)的老年人。

■ 本问卷答案没有对错之分,但一定要能够反映被访者的真实情况。

■ 填空题:请在文中画______处填写。

■ 选择题:请在答案中选择一个选项的题号上画○。

■ 没有注明为"多选题"的选择题,一律为单选题,只能选择一个选项。

■ 如选项中没有符合的情况,请选"其他"项,并请在问卷空白处给予尽可能详细的说明。

■ 题中涉及数字金额的题目,请调查员尽可能协助老年人仔细回忆,可填概数,但须逐项填写,不要有遗漏。

首先,我们想了解您的一些基本情况

Q1　您的性别:______　　Q2　年龄:______周岁

Q3　您的文化程度:

1 不识字　2 私塾　3 小学　4 初中　5 中专/高中　6 大专　7 大学及以上

Q4　您目前的婚姻状况:　1 已婚　2 丧偶/离婚/未婚

Q5　您目前的工作状况:　1 在职　2 离、退休后未工作　3 退休后有偿工作　4 从未有过正式工作　5 其他__________

Q6　您退(离)休前的工作单位属于什么性质?【离退休的老年人填答】

1 党政机关　2 事业单位　3 国有企业　4 集体企业　5 三资企业　6 民营企业　7 部队　8 其他__________

Q7　您和配偶同住吗?　1 是　2 否

Q7－1、目前和您同吃同住在一起的还有哪些人?【请在______内填写人数】

父母______人　子女______人　孙子女______人　其他__________人

Q8　您目前的健康情况：　1 非常好　2 很好　3 一般　4 比较差　5 很差

下面,我们想大致了解一下您及全家的收入和开支情况

Q9　您去年全家(与您一起同吃同住)的月收入大致是？

1　1 000 元以下　2　1 000 ~ 1999 元　3　2 000 ~ 2 999 元

4　3 000 ~ 4 999 元　5　5 000 ~ 7 999 元　6　8 000 ~ 14 999 元

7　15 000 元以上

Q10　您上月个人月收入共______元　此题均可填概数,请务必逐项填写,无此项收入请填"0"

其中包括:退休金______元　养老保险金______元　低保/其他政府补助______元　自己劳动收入______元　子女/孙子女补贴(含实物、旅游,不含医药费)______元　分红/年金______元　其他__________元

Q11 上个月,您家(同吃同住)生活费用总共花了多少钱？________元

此题均可填概数,请务必逐项填写,无此项支出请填"0"

其中包括:饮食费(包括在外就餐)________元　水电煤、燃气费_______元　书报/娱乐费用____元　交通、通信费________元　请保姆/小时工________元　人情往来______元　其他公共开支________元

Q12 您家今年过年开支大致是______元　均可填概数,请务必逐项填写,无此项支出请填"0"

其中包括:购买年货______元　购置衣物______元　给子女补贴______元

给孙子女压岁钱______元　其他人情往来______元　其他__________元

接下来，我们想了解一下您的消费需求情况

Q13　如果金钱有限，您会优先考虑购买下列什么商品？ 最多可选三项

1 服装饰品　2 日常生活用品　3 高档耐用品　4 医疗保健用品　5 教育娱乐用品　6 其他＿＿＿＿＿＿

Q14　您目前最希望得到什么服务？

1 生活照料　2 医疗护理　3 心理咨询　4 娱乐休闲　5 其他＿＿＿＿＿＿

Q15　您对目前市场上现有的老年用品满意吗？

1 非常满意　2 很满意　3 一般　4 比较不满意　5 很不满意

Q16　您认为现在市场上哪方面的产品还不能满足您的需要？ 可多选

1 服装饰品　2 日常生活用品　3 高档耐用品　4 医疗保健用品　5 教育娱乐用品　6 护理服务　7 住房　8 旅游　9 交通出行　10 其他＿＿＿＿＿＿

Q17　您在买东西时主要考虑以下的是？ 最多可选三项

1 质量和功效　2 是否新潮　3 外观　4 品牌　5 价格　6 是否有很多人购买

7 自己是否需要　8 其他人的看法　9 购物场所的环境　10 其他＿＿＿＿＿＿

Q18　您经常选择哪种购物场所购买日常用品？　1 超市/商场　2 批发市场　3 专卖店　4 小卖部　6 早、夜市　7 电话/网络　8 其他＿＿＿＿＿＿

Q19　选择购物场所时，您主要考虑哪些因素？ 最多可选三项

1 离家的距离远近　2 商店的名气大小　3 商品的质量是否可靠

4 是否经常有打折商品销售　5 商品价格是否合适　6 商店广告是否吸引人　7 商品是否新潮　8 商店是否服务好　9 商店是否可以讲价　10 商店是否有较多自己喜欢的牌子

Q20　若您手中有闲置的钱，您会用它来？ 最多可选三项

1 养老储蓄　2 补贴子女/孙子女　3 改善生活（伙食、添置衣物等）　4 购买书籍、旅游等娱乐活动　5 购买保健品　6 购买养老服务　7 进养老服务机构　8 投资（股票、基金、国债等）　9 买房　10 其他＿＿＿＿＿＿

Q21 请根据您自己的消费习惯，在下面问题右边相应的位置上画"√"。请务必逐项填写

	完全赞成	比较赞成	说不清	不赞成	非常不赞成
为了省钱，我会花时间选购商品					
我经常会选择打折商品					
在生活中，购物逛街是一种很享受的事					
我会使购物逛街的时间尽可能长					
流行的、有吸引力的风格是非常重要的					
我通常拥有流行的商品					
我倾向于购买销售最好品牌的产品					
我常常会改变我购买的品牌					
有许多品牌供我选择时，我感到很困扰					
家人、朋友、同事会影响我在产品上的选择					
我会仔细寻找符合金钱价值的产品					

续表

	完全赞成	比较赞成	说不清	不赞成	非常不赞成
我会努力去选购高质量的产品					
购买产品时,我常常表现得很冲动					
我在粗心购买之后,我常后悔					
自己喜欢的品牌,我一买再买					
我喜欢到我熟悉的商店去购物					

Q22　对于以下说法,您的态度是?　在下面问题右边相应的位置上画"√"

	完全赞成	比较赞成	说不清	不赞成	完全不赞成
不论有钱没钱,生活都要节俭					
实用比流行更重要					
过日子要长远打算,不能借债度日					
过日子要以吃穿为主,以温饱为准则					
穿不同档次的衣服表明不同的身份和地位					
人应该讲面子,在人际交往中要舍得花钱					
花明天的钱圆今天的梦					
能挣钱会花才是现代人的生活方式					
只要为孩子好,花多少钱都值得					
一切优先为了孩子考虑					
人活着的目的主要在于从工作中获得乐趣和成就					
没有工作的压力,人就会停步不前					

续表

	完全赞成	比较赞成	说不清	不赞成	完全不赞成
对消费品的购买不在于数量多,而在于品质的精					
健康是我生活的首要目标					
人要知足常乐					
花钱省时间是值得的					
人应该不断地发展和完善自己					
过分的节俭没必要,有条件,衣食住行要跟上时代					
丰富的精神生活和物质生活一样重要					

* *

调查到此结束,多谢您的支持与合作!